文春文庫

# ニューヨークの魔法のことば

岡田光世



文藝春秋

# ニューヨークの魔法のことば　目次

## 第二章　街角での出会い

## 第三章　あたたかい人々

## 第四章　ニューヨークの風景

# はじめに

東京からニューヨークに戻った翌朝、カタカタという音に目が覚めた。まだ五時だった。窓のブラインドの紐《ひも》の先が、外からの風で壁に当たり、音を立てていたのだ。うとうとしながらも、時差ボケもあって寝つけないので、思い切って起き上がった。窓の外は、曇り空だった。六時頃になると雨が降り始め、七時前には雷が鳴り出し、大雨になった。

その日は、友人のジェリーに会うことになっていた。どこで会うか、まだ決めていなかったので、八時になるのを待って、彼の携帯電話に連絡した。

ジェリーは街を歩いているところだった。外はどしゃぶりだ。

雨はあがるのかしら。今日の天気予報、見た？

私がジェリーに聞いた。

いや、見てないな。あ、ちょっと待って。

そう言ったかと思うと、しばらく間が空いて、突然、ジェリーの声が遠くなった。

あの、ちょっと……。今日の午後の天気、知ってます？

電話の向こうで、ジェリーが誰かに話しかけているのだ。

電話口に戻ってきたのだろう。はっきり聞こえる声で、ジェリーが言った。

今日は一日じゅう、雨だってさ。

ねぇ、ジェリー。今、誰に聞いたの?

誰って、そのへんを歩いていた人だよ。

ああ、ニューヨークに戻ってきた!

私は思わずひとり、ほほ笑んだ。


ニューヨークって、やさしいやりとりがある街なんですね。

たまたま出会った人と会話を楽しめるなんて、すてきですね。

大都会なのに、人間味あふれる街なんですね。

拙著『ニューヨークのとけない魔法』と『ニューヨークの魔法は続く』(ともに文春文庫)を読んだ人たちが、そんな感想を多く寄せてくれました。

どんな街でもそうであるように、ニューヨークにも無愛想な人や無礼な人はいます。何でもあり、のこの街では、もしかすると、一部の人の無愛想さや無礼さは、想像を超えるものかもしれません。

でもそれでも、ニューヨークは大都会なのに、人情味あふれる街だと私は断言できます。二十年以上住んでいても、その思いに変わりはありません。

ただ、それは、あなたが周りの人に心を開いているかどうか、にもよるのです。

言葉にしなければ、気持ちは伝わらない――。

これは、たまたま、しかも二時間も、ニューヨークの店で私と立ち話した男性店員の言葉です。そう信じる彼らだからこそ、英語には相手を幸せにするすてきなことばがたくさんあります。

この本では、そんな「魔法のことば」と、それにまつわるちょっとしたエピソードを紹介しました。

舞台はニューヨークですが、これを読んだら、少しだけ心を開いて、一歩外に出てみてください。あなただけのすてきな笑顔をたたえて。

きっとあなたの街も、心を開いた分だけ、違って見えてくるはずです。

Welcome to New York.
ニューヨークへようこそ。

岡田光世

# ニューヨークの魔法のことば

# 第一章　雑踏のなかで

## 馬の祝福

忘れられない写真がある。

私たち夫婦は、マンハッタンの教会で結婚式を挙げた。日本からも家族や親戚、友人たちが駆けつけた。

式を終えて、ウエディングドレスとタキシードのまま、教会の外に出た。角に立っていたホットドッグスタンドの青年が、私たちに声をかけた。

Congratulations!

おめでとう！

挙式後すぐに、教会の正面で集合写真を撮ることになっていた。私たち夫婦を中心に、七段の石段に参列者百人ほどが並んだ。目抜き通りの五番街に面しているので、人や車が多く行き交う。

前を通りかかったメッセンジャーが、自転車を止めて笑顔で私たちを見ている。

そして、応援団員のように両腕を振り上げながら、大声で叫ぶ。

Congratulations!

ちょうど撮影をしているときに、市内の観光地を巡る二階建ての赤いバスが、ゆっくりと目の前を通りかかった。渋滞だったので、教会の正面でバスが止まった。

雲ひとつない五月晴れの日で、ながめのよい二階のデッキには、大勢の観光客がビデオやカメラをあちこちに向けてすわっていた。

彼らも今日は最高の天気に恵まれた、と思いながら見ていると、デッキの上の観光客が写真を撮る手を休めて、一斉にこちらに向かって笑顔で手を振り、口々に叫んだ。

Congratulations!


集合写真といえば、たいてい正面を向いて、すまし顔だ。

ところが、この瞬間をとらえた写真は、撮られていることを誰もが忘れている。どの顔も笑みをたたえ、デッキの観光客を見上げている。腕を高く上げ、応える人。恥ずかしそうに小さく上げ、振り返す人。あの日の青空のように、さわやかに澄み切った表情ばかりだ。

あまり感情を表に出さない夫の父親も双子の兄も、私の照れ屋の弟ふたりも、はにかみながらも、うれしそうだ。

その後、参列者には先に披露宴会場のレストランへ移動してもらい、私たち夫婦は黒塗りのリムジンで、撮影のためにセントラルパークへ向かった。

リムジンを降りて、公園に向かって歩いていると、道行く人々が声をかけてくる。

Congratulations!

公園の入口には、観光客を乗せる馬車が一列に止まっていた。

ちょうどいい。馬車を背景に並んでみて。

友人のカメラマンが、私たち夫婦に指示する。

金色のシートの黒い馬車に繋がれた馬の前に立った。胴体と足は黒で、顔は白い。

花嫁と花婿が馬車を背景に写真に収まるなんて、なんとニューヨークらしいのだろう。

私たちは、これ以上ない笑顔をカメラに向ける。

突然、生温かい物体が、ふうふうと大きな息を立てながら、後ろからぬっと私たちの間に割り込んできた。ふと横を見ると、夫と頭をもたれ合い、仲よさそうに頰を寄せ合っているのは、私ではなく大きな長い顔の生き物ではないか。

と、次の瞬間、鼻息荒く、馬が夫の胸に飾った花を、美味しそうにむしゃむしゃ食べ始めたのだ。私のブーケとそろえて、ウエディングドレスの色に合わせたオフホワイトのバラで、友人が徹夜で作ってくれたブートニアだ。

驚いた夫はあわてて胸の花を手で覆い、こらこら、などと言いながら、必死に追い払おうとするが、馬はありついた餌《えさ》から一歩も離れない。馬にしてみれば、鼻先で芳香を放たれてはたまらないのだろう。夫は花を守ろうと、前かがみの状態で私とは逆の方向に逃げようとする。

私は隣の大きな長い鼻が恐くて、動けずにいる。と、今度は私の胸に向かって鼻が伸びてきた。大きなブーケを狙っているのだ。それこそ、馬にとってご馳走だ。私はブーケを抱えたまま、馬に背を向けた。

馬車を背景に粋な写真になるはずだったのに、夫も私も目を白黒させ、口をぽかんと開け、おかしなポーズであちこちを向いている。

私たちのずっと後ろに、先ほどと同じような二階建ての赤い観光バスが止まっていた。私たちは背を向けていたので、何が起こったかしばらくわからないようだったが、やがて馬との騒動に気づくと、こちらを見ながら大笑いしている。

通りすがりの人たちから贈られたおめでとうの言葉。参列者のごく自然な、心からの笑顔。思いもかけない馬の祝福――。

どれも、私たち夫婦にとって、何ものにもかえがたい。

Congratulations!
おめでとう！

# 意外なほめ言葉

I love your coat.
あなたのコート、すてきね。
I love your bag.
そのバッグ、いいわね。

見知らぬ人に、服装や身につけている物をほめられることは、ニューヨークではよくある。

ある日、美しい女の人とエレベーターで乗り合わせた。ほかに誰もいなかった。インド系だろうか、特有の輝く大きな瞳に、きりりとした口元が印象的だった。胸を張り、背筋をぴんと伸ばして立っていた。

どちらからともなく、笑みを交わした。その人は私を見つめていたかと思うと、突然、こう言った。

I love your eyes.
あなたの目、とてもすてきね。

・

耳を疑った。私が自分の顔で何よりも好きになれないのは、このひと重の目だった。日本では子どもの頃、笑うと目がなくなる、とからかわれた。手でまぶたを持ち上げてふた重を作り、セロテープを貼って押さえ、このまま取れませんように、と何度、祈ったことか。

二十年ほど前、チャイナタウンの写真館でポートレートを撮ったとき、一生懸命に目を大きく開けていたのに、ほら、ちゃんと目を開けて、と何度も言われ、悲しくなりながらも吹き出してしまった。目の大きなアメリカ人に言われるならともかく、その中国人カメラマンの目だって、私とそんなに変わらないのに……。


目の前の女の人は、誰が見ても魅力的な大きな瞳の持ち主だ。

アメリカ人のほめ言葉には素直にお礼を言う私も、このときばかりは、ノー！　と強い口調で否定し、恥ずかしくて顔を伏せた。

イエス！

女の人は私に負けない強い口調で、毅然《きぜん》として言い返した。

とても深い、知的な目だわ。

その顔があまりに真剣だったから、ありがとう、という言葉が自然に出た。

部屋に戻ると、そのままバスルームへ向かった。

鏡の前に立った。

さっきの女の人の言葉を思い出し、ほほ笑んだ自分の目を見て、私もふとそんな気持ちになった。

I like my eyes. Thank you.
私の目も、捨てたものではないかも。ありがとう。

I love your eyes.
あなたの目、とてもすてきね。

# ストッキングを売ってください

大手新聞社の編集委員に、大事な通訳の仕事を頼まれた。著名な音楽家をリンカーンセンターのどこかでインタビューするというので、その正面で待ち合わせることになった。

リンカーンセンターは音楽や舞台芸術の総合施設だ。ニューヨーク・フィルハーモニックの本拠地であるコンサートホールや、メトロポリタン歌劇場、ニューヨーク州立劇場などが集まっている。

当日、ストッキングの後ろが縦に十センチほど伝線していることに、家を出てから気づいた。あわてて六番街に面した小さな雑貨店に入った。幸いにもストッキングを売っていた。

一足、レジに持っていき、お金を払おうとバッグを開けると、財布がない。ほかに客が待っていたので、先に通し、私は店の奥でバッグの中身を出し、何度も確かめた。が、いくら捜してもない。

お札や小銭がむき出しで、バッグの底に眠っていることがある。だが、こういうときに限って、そういう偶然は起こらない。どこを捜しても、現金は見つからない。出てきたのは、地下鉄のトークン（代用硬貨）数枚だけだ。今では地下鉄に乗るにはメトロカードを使うが、当時は五円玉に似たトークンだった。

約束の時間は迫っている。ＡＴＭ（現金自動預け払い機）でお金をおろすひまはない。取材には、絶対に遅れるわけにはいかない。

かといって、伝線したストッキングをはいて私が現れ、編集委員に恥をかかせるわけにもいかない。アメリカ人なら気にもしないだろうが、彼はばりばりの日本人のおじさんだ。

レジのおじさんの様子を、商品棚の陰からそっとうかがってみる。少し背中が曲がり、やせている。レジの上に置かれた紙か何かを整理しているようだ。顔の表情はきつくなく、それほど恐くなさそうだ。

私は意を決して、商品を握りしめ、レジへ向かう。

当然のように受け取ろうとしたストッキングを、私が急に引っ込めたものだから、おじさんはタイミングが狂ってきょとんとしている。

ストッキングを胸に抱き、私は訴えるようなまなざしでおじさんを見つめる。

I have a big favor to ask（of）you.

とっても厚かましいお願いなんですが……。


おじさんの顔が険しくなる。

私は思い切って、言葉を続ける。

これ、地下鉄のトークンで売ってもらえないでしょうか。

おじさんは口をぽかんと開けている。何か言おうとするが、言葉にならない。

何でもありのニューヨークといえども、トークンでストッキングを売れ、と泣きついた客は私が初めてなのか。少なくとも、おじさんの顔はそう語っていた。


二十分後、私はビシッと決めたスーツ姿に新品のストッキングで、時間どおりに芸術の殿堂、リンカーンセンターに、堂々と現れる。

しばらくすると、向こうから大手新聞社の編集委員がやってきた。

やあ、どうも、どうも。今日の取材なんですけど、相手が風邪で、突然、キャンセルになったんですよ。

I have a big favor to ask (of) you.
とっても厚かましいお願いなんですが……。

# カフェの携帯電話

一時期、ニューヨークで友人と住んでいたことがあった。家にいるとついおしゃべりに花を咲かせてしまう。原稿の締切を目前に控えていた私は、ノートパソコンを持って近所のカフェへ行った。すいていたので、集中して仕事ができそうだった。

コーヒーを買ってテーブルにつき、ノートパソコンを開く。さあ、仕事開始だ。

パソコンを立ち上げたとたん、誰かの携帯電話が鳴った。四、五メートル先のテーブルで新聞を読んでいた四十歳くらいの白人の女の人が、大声で話し始めた。スーツ姿のキャリアウーマン風の人だ。

その人の声だけが、高らかに響き渡っている。パソコンの画面をにらんでいるが、話し声が邪魔になり、集中できない。私はだんだん、いらいらしてきた。少しは、周りにいる人に気を配ってほしいものだ。

その人に迷惑だと気づかせるために、咳払いをしてみる。深くため息をついてみる。話に夢中で、こちらを見もしない。

パソコンをどけてほおづえをつき、ちょっとにらんでみる。片ひじを前に突き出し、威圧感を与えてみる。

何の効果もない。こちらを向きはしたが、まったく視野に入っていない。

隣のテーブルでは男の人がひとり、コーヒーを飲みながら本を読んでいる。彼女の声などまったく気にならない様子だ。その冷静さが、ますます私をいら立たせる。


十五分も話し続けただろうか。その人はようやく電話を切った。

カフェに静寂が戻った。やれやれ、これでやっと、仕事に集中できる。

平静になった心で、ようやく何も打ち込まれていない真っ白な画面に向かった。

と、さっきまで携帯電話で話していた女の人が、荷物をまとめて立ち上がった。そして、テーブルの上の新聞を手に取ると、私の方に向かってつかつかと歩いてくる。

私の態度に腹を立てたに違いない。気づかないふりをして、しっかり見ていたのだ。

Excuse me.
ちょっと……。

その人が私に声をかけた。

私はおどおどしながら、彼女を見上げる。

Would you care to read this papcr?

この新聞、お読みになる？

もう読み終わったから、どうぞ。

そう言うと、にっこり笑い、私のテーブルの上に新聞を置いて、さっそうとカフェを出ていった。

Would you care to read this paper?

この新聞、お読みになる？

# 見知らぬ夫

私の特技は、電車やバスで短時間でも熟睡することだ。その日は疲れ切っていた。夫と一緒だったこともあり、安心し切って、家に向かう地下鉄で深い眠りに落ちていた。

おい、着いたぞ。

夫の声にぼうっとしながら、地下鉄を降りた。

ふらりホームに出ると、夫は私を置いてさっさと階段を上ろうとしている。駆け寄っていって、夫の腕にしがみついた。

仲よく階段を上りながら、夫の顔を見上げた。

なんだか、見覚えのない顔だ。それも、白人ではないか。

この人、いったい誰？

私が腕を組んで歩いている男は、見たこともないアメリカ人だった。

男は、途方に暮れた顔で私を見つめている。

私も、途方に暮れた顔で男を見つめている。

お〜い。俺はここだよ。

背後から聞き慣れた声がする。

振り向くと、階段の下で夫が、笑いながら私に向かって手を振っている。

どうやら、あそこにいるのが本物らしい。

あわてて男の腕を離した。が、この偽物に、何と言えばいいのやら。

ち、地下鉄の中で、い、居眠りしていて、きゅ、急に起きたものだから、ぼうっとしていて……。

私は平謝りに謝った。

You're quite welcome.
いやいや。こちらこそ、どうも。

気が向いたら、またいつでもどうぞ。ほんのひとときの、すてきな体験をありがとう。

そう言わんばかりの、彼のコミカルな返事と笑顔に救われた。

見知らぬ女に突然、しがみつかれながら、何も言わずに歩き続けた彼は、どこまでも心やさしい。

You're quite welcome.
いやいや。こちらこそ、どうも。

# ハトのふん

近くの店でコーヒーを買い求め、そよ風に当たりながら、気分よく仕事をしようと思った。

ここは、マンハッタン島の南西の端にあるバッテリーパークシティだ。ハドソン川に面し、対岸にはニュージャージー州が見える。もともと川の一部だったところを、埋め立てて開発した。埋め立てに使われたのは、のちに同時多発テロ事件で崩壊することになるワールドトレードセンターを建設したときに掘り起こした土砂だ。

夏は川からの風が心地よい。川沿いにはベンチが並び、テーブルにすわって読書したり、食事やコーヒーを楽しんだりできるところもある。

ワールドファイナンシャルセンターの目の前には、ヨットハーバーが広がる。時折、警官を乗せた馬なども通る。ウォールストリートも近く、昼時には思い思いの場所にすわって、ランチを食べる人たちの姿が目立つ。

コーヒーを片手に木陰のテーブルにすわろうとしたとたん、右肩と頭に何かが落ちてきたのを感じた。髪を触ってみると、妙に生温かい。その手と右肩に、くすんだ緑色と白の混じったものがべっとりと付いている。

ハトのふんだった。私の頭の真上で、ハトが木の枝に止まっていたのだ。

爽快な気分は、一瞬にして吹き飛んだ。


ニューヨークが大好きな弟を思い出した。

弟が出張でニューヨークにやってきたとき、朝早く、グランド・セントラル駅近くのホテルからセントラルパークまで、上司と一緒に歩いてみた。

これが夢にまで見たセントラルパークか。人々はジョギングや犬の散歩を楽しんでいた。ベンチにすわって、大きな紙コップでコーヒーを飲みながら、本や新聞を読んでいる人もいる。新緑が目にまぶしく、小鳥がさえずり、心が洗われるすがすがしい気持ちだったという。

新鮮な空気を胸いっぱいに吸い込んだとき、突然、何かがべちゃっと、頭の上に落ちてきた。恐る恐る手で触れてみると、緑と白の混じった汚物がべっとり付いた。ハトのふんだった。

さわやかな気分だったのに、一転して暗くなった。

上司はそれを見て、笑っている。

きったねえ。なんだよ、ついてないなあ。

恨めしそうに空を見上げた。

上司から手渡されたティッシュで、手や頭、服にまで付いたふんを拭き取っていた。ちょうどそのとき、向こうから若い白人の女の人がジョギングしてきた。すれ違いざまに、弟に向かって手を振っていたかと思うと、ハトにふんをされた頭を指さし、言った。

Lucky you!
ラッキーね、あなた！

ハトにふんをかけられて、ラッキー？

ふざけんなよ、と一瞬、思ったけれど、その人の笑顔がなんともさわやかだった。不思議と自分も明るい気持ちになって、上司と一緒に笑い始めたんだ。物事って受け取り方だよなあ、ニューヨークっていいなあって。

弟はすっかり感動し、ニューヨークの思い出というと、いつもこの話をする。

それにしても、アメリカはハトのふんまでボリュームがあるんだなあ。


ハトにふんを落とされた人には、幸運が訪れるといわれているのよ。

後日、アメリカ人の友人が教えてくれた。

災難に遭った人への、せめてもの慰めの言葉だろうか。

私がハトのふんの歓待を受けたとき、隣のテーブルにすわっていた男の人が、読んでいた本から目を離し、私を見た。眉間《みけん》にしわを寄せ、次の瞬間、目をそらした。

Lucky you!（ラッキー・ユー！）
ラッキーだね、君！

彼の目がそう語っているようには、とても見えなかった。

Yucky you!（ヤッキー・ユー！）
きったないね、あんた！

間違いなく、そう語っていた。

Lucky you!
ラッキーね、あなた！

# マニュアルにない会話

早朝、マンハッタンのペンシルベニア駅からフィラデルフィア行きの列車に乗った。ここはグランド・セントラル駅と並ぶ大きな駅で、全米各地へ向けて長距離列車が発《た》つ。ニューヨーカーは、略してペン・ステーションと呼ぶ。

車掌が切符にはさみを入れて回っている。私の前の席にすわっている白人の男の人は、ずっと新聞を読んでいた。車掌がやってきて、彼の切符にはさみを入れた。

それ、デイリー・ニューズですか。

車掌が聞いた。

そうですよ。

男の人が答えた。

読み終わったら、もらえないですかね。

ああ、もちろん。いいですよ。

それは、どうも。ありがとう。

フィラデルフィアで電車を乗り換えた。乗り込むときに、ジャーマンタウンで泊まることになっていたホテルの近くまで行くかどうか確認すると、車掌が答えた。

　これに飛び乗んな。

　すると、そばで聞いていた黒人の女の人が、おどけた様子で口をはさんだ。

　あんた、この男の言うことなんか、信用するのかい。あたしならこれには乗らないよ。

　三人で笑った。


　別の日の朝、ニューヨーク郊外のウエストチェスターからマンハッタンに向かう通勤列車に乗っていた。同じように、車掌が切符にはさみを入れて回っていた。

　前の晩、ほとんど眠れなかった。私の隣には誰もいない。通路を隔てた隣の席では、ビジネスマンがコーヒーを片手に、ニューヨーク・タイムズを読みふけっている。

　誰も見ていないことを確かめて、私はあごが外れそうな大あくびをした。

　口が最大に開いた瞬間、車両の向こうから歩いてくる車掌と、ばっちり目が合った。

　私は恥ずかしくて照れ笑いし、口を押さえながら、あくびをし終えた。

　車掌は私の目の前で足を止めると、ほほ笑み、さり気なく言った。

　I know.　That's exactly how I feel.

　わかりますよ。私もまさにそういう気分ですから。

失礼だからと、見て見ぬふりをするわけではない。
かといって、恥ずかしい思いをさせるわけでもない。
自分も同じですよ。
そう言ってくれた車掌のやさしさに、朝から心が温かくなり、眠気も吹っ飛んだ。
こんな気のきいたとっさのひと言は、マニュアルどおりの応対からは生まれない。

I know. That's exactly how I feel.
わかりますよ。私もまさにそういう気分ですから。

# 刑事の誘惑

ある年の冬、夕方五時半頃、住宅街をひとりで地下鉄の駅に向かって歩いていた。辺りはすっかり暗い。ポシェットをコートの上から斜めにかけ、ポケットに手を入れていた。これからアメリカ人の友人と会って、映画を観に行くところだった。

突然、右手の後ろにあったポシェットが、勢いよく引きちぎられた。振り向くと、私の背後から誰かが車道の真ん中に止めてある車に向かって疾走していく。私は何も考えずに、その男を追った。

車に乗り込み、走り去ろうとしている。運転席の窓が開いていたので、私は窓枠に両手でしがみつき、その黒人の男に向かって怒鳴った。

返しなさいよ！

男は無言だった。

返してよ、私のでしょ！

私は繰り返し、叫んだ。

男がアクセルを踏んで、車を走らせた。

私はそれ以上、しがみついていられなくなり、手を離した。

車は暗闇に走り去っていった。


無我夢中だったから、恐怖はまったく感じなかった。ポシェットには財布やアパートの鍵が入っていた。何よりも悔しかったのが、紺の革の財布を盗られたことだった。当時、つき合っていた夫が、誕生日にプレゼントしてくれたものだ。

友人とは連絡が取れなかったので、地下鉄に乗って待ち合わせ場所に行かなければならない。近くの韓国人経営の食料雑貨店で事情を話し、必ず返すから、と地下鉄のトークン代だけ借りた。

その足で、地下鉄の駅のすぐ近くにある警察へ被害届を出しに行った。聞かれるままに、状況を詳しく説明した。

私の言葉に、白人の刑事は目をむいた。

何だって？　君、車にしがみついていたのか。信じられないやつだな。

ニューヨーク市の刑事に、私の無謀な行為は理解しがたいらしい。

銃を持っていたら、撃たれていたぞ。命が助かっただけで、ありがたいと思えよ。そういうときは、相手がほしいものはさっさとくれてやるもんだ。

犯罪者に協力せよ、と刑事に言われているようで、素直にうなずけない。

しかし、それだけ抵抗するとは、財布にはさぞ、大金が入っていたんだろうなあ。
刑事が気の毒そうにつぶやく。
いったい、いくら入っていたんだ？
そう聞かれて、取り調べなので、仕方なく答える。
五ドルです。
たった、五ドル？
これから、銀行のＡＴＭで引き出すところだったんです。

You're amazing!
君はたまげたやつだ！

取り調べが終わると、刑事が言った。
君、今度、僕とデートしないか。

私の度胸にホレたに違いない。

You're amazing!
君はたまげたやつだ！

# 改札口でもらった贈り物

東京の地下鉄では降りるときに切符が見つからず、ときにはバッグの中の物を洗いざらい出して、捜している。乗るときにいつも同じところにしまおうと思っても、無意識のうちに服のポケットやバッグのどこかに入れてしまう。スイカ（Suica）を使うようになり、入れる場所を決めたにもかかわらず、ときどき、うっかりどこかほかのところへ紛れ込ませてしまい、大騒ぎしている。

切符をなくしても、たまに運がいいと、今度から気をつけてくださいね、とお叱りを受けるだけで、運賃を払わずに通してもらえる。

東京もニューヨークのように、乗るときだけメトロカードを機械に読み込ませ、降りるときには何もせずに改札口を出られるようにすればいい。

立て続けに切符をなくし、運賃を払わされたときには、無駄な抵抗と知りながら、試しに言い訳してみた。

ニューヨークでは、乗るときにカードをチェックするだけなんですよね。

すると、駅員が言った。

そうなんですか。でもね、ここは東京ですからね。東京に慣れてもらわないとね。

そりゃ、そうですね。

で、話は終わった。

だが、これもたんなる言い訳だ。ニューヨークでも地下鉄に乗るときに、メトロカードを必死に捜している。


あるとき、ニューヨークの地下鉄の駅の改札口で、例のごとくメトロカードがないと、バッグの中をごそごそ捜していた。

見知らぬ五十代くらいの白人の男の人が声をかけてきた。

メトロカードが見つからないのかい。

そうなんです。

私が答える。

ちょっと待った。

男の人はそう言って、重たそうな自分のバッグを床に置くと、中を捜し始めた。

あった、あった。

そう言いながら、何かを取り出し、うやうやしく私に手渡した。

Here. This is for you.

はい。これを、君に。

固いプラスチック製のケースだった。中にメトロカードを差し込めるようになっている。カードを取り出しやすいように、直接、親指が触れる部分だけ、上の透明のプラスチックが空いている。

You can have this.
これ、あげるよ。

Why don't you use this?
これを使ったら?

Take this.
これ、やるよ。

いろいろな表現の仕方があるのに、まるで私のために用意していたプレゼントをくれるように、その人はそう言った。

Here. This is for you.
はい。これを、君に。

これに入れておけば、大丈夫。すぐに見つかるよ。カード一枚だと薄くてペラペラだから、わかりにくいけれど、これなら固いし、大きめだから。

彼の魔法の言葉どおり、メトロカードはすぐに見つかるようになった。

それから何年かたち、今ではプラスチックケースを持ち歩くのを忘れ、結局また、地下鉄の改札口でおろおろしている。

杖《つえ》がなければ、魔法も効かない。

# スリにご用心

真夏の太陽が照りつける五番街を、夫と歩いていた。四二丁目の角にあるニューヨーク公共図書館に向かうところだった。

少し前を歩く白人の男の人のジーンズの後ろポケットから、ドル札らしきものが三分の一ほどはみ出しているのが、目に留まった。

人混みをぬってその人に追いつき、近眼の私はおしりに顔を近づけ、じっとその紙をにらみつける。やはり、ドル札だ。

なんとも無用心だ。

教えてあげたほうがいいんじゃないか。

夫が私に言う。

何ドル札だろう。

タイミングよく信号が変わり、その人が横断歩道の前で立ち止まった。私はさらにおしりに顔を近づけ、じっくりお札を点検してみる。

一ドルや五ドルではない。大金だ。

これは、なんと二十ドル札です。

夫に報告する。日本語なら、周囲に気づかれまい。

五十ドル札や百ドル札など、ふだんの生活ではまず見かけないから、これはわれわれ庶民にとって、最高額のドル札だ。

この人混みじゃ、盗まれるぞ。声をかけた方がいい。

夫の気が急《せ》く。

いやいや。

夫を制する。私のほうが冷静なときも、たまにはある。

これは偽札です。

私が判断を下す。本物だったら、おせっかいな人々がごまんといるこの街で、誰も注意してやらないはずがない。

それにしても、私たち夫婦は明らかに挙動不審だ。前にタイムズスクエアで人混みを歩いていたとき、このように私にぴったりくっついていた怪しい男がいて、幸いにも連れが気づいた。男はナイフで私のポシェットのひもを切り、引ったくろうとしていたのだ。男は気づかれた瞬間に、逃げ去ったらしい。

しかし、周りの目を気にしている場合ではない。

じっくりと観察できるのは、信号が変わらないうちだ。こんなふうに、お札をポケットからのぞかせて歩いている人を見かけた記憶がない。気づかれないように、右手の親指と人さし指でお札の先をつまみ、ちょっと引っ張り出してみたが、あわてて手を引っ込める。

待てよ。ここは犯罪の街、ニューヨーク。わざとポケットから出して、スリが触れたら、はさまれる仕かけになっているのだ。はさまれたら、捕まるところだった。

いや、だが、ただたんにうっかりしていた、という可能性もなくはない。


信号が変わり、おしりのポケットから顔を出したお札をヒラヒラさせながら、男の人が再び歩き始めた。お札が盗まれないように、周囲を見回しながら、ぴったり張り付いてその人のあとを追う。

私たちはとうとう、目的地のニューヨーク公共図書館に着いてしまった。おしりのドル札の行く末を見届けることはできない。

ついに私は思い切って、大金の持ち主に声をかけた。

あの、このお札……。

万が一、仕かけに反応されてはと、おしりのポケットから距離を置いて、人さし指でさす。

男の人がポケットに手をやり、ドル札を引き抜いた。

いや、これは、親切にどうもありがとう。

なまりのある英語だ。

ヨーロッパかどこかの平和な町からやってきた、無防備な観光客なのか。

You're welcome.
どういたしまして。

私が答えた。

No sweat!
お安いご用よ！
汗ひとつ、かかなかったわ。

そうも言いたいところだが、さんざん気をもんだ私は、ひとりで大汗をかいていた。

No sweat!
お安いご用よ！

# 空の友

搭乗案内のアナウンスが始まった。

八月のある日、ニューヨークのジョン・F・ケネディ国際空港で、成田行きのフライトに搭乗するために並んでいた。

今、アナウンスで二十いくつと言っているのは、座席のことですよね？

後ろから声をかけられたので、振り向くと、二十代ほどの白人の青年が立っていた。

そうですよ。

初めて飛行機に乗るのだろうか。緊張していて、不安そうな様子だ。

日本へ行くのは、初めてなんです。

日本へは、観光で？

ＪＥＴプログラムで兄が日本にいるので、会いに行くんです。

ＪＥＴプログラム（The Japan Exchange and Teaching Programme）というのは、日本の地方自治体が主体となって、小中学校や高校で語学指導を行なう青年などを海外から招致する事業だ。

この人の兄は、公立高校で英語を教えているという。学校は七月で終わったので、日本で家族と合流し、二週間ほど一緒に国内を旅行し、アメリカに戻るという。

それまで気づかなかったが、両親らしき年配の夫婦も同伴していた。

乗るとき、何を見せればいいんでしょうか。

搭乗券とパスポートだと思いますよ。

私たちはそれからひと言ふた言、言葉を交わした。搭乗口で地上係員に搭乗券などを見せる順番がやってきたので、その人たちに声をかけた。

It was nice talking with you.　Have a safe flight.

お話しできて楽しかったです。安全な空の旅を。

そう言ってから、思わず吹き出した。

私も同じフライトに乗るんだったわ！

そうですよ。

地上係員が搭乗券を見ながら、笑った。

It'd better be a safe flight.

安全な空の旅じゃなきゃ、困っちゃうわ。

地上係員と私とのやりとりに、笑いの渦が起こった。
まるで一人芝居のようになってしまったが、あの一家は少しリラックスして、日本の旅をはじめられたかもしれない。

Have a safe flight.
安全な空の旅を。

# キッチンペーパーを配る人

五三丁目に行きたいんですけど、五番の地下鉄は五一丁目の駅に止まるんでしたっけ？

ウォールストリートの駅で、ブース（売場）の黒人の女の人に尋ねる。五番の地下鉄は急行で、六番は各駅停車だ。

五番でグランド・セントラル駅まで行って、六番に乗り換えなさい。

そっぽを向いて、面倒臭そうに答える。愛想のかけらもない。

地下鉄のブースで働く人たちに声をかけて、愛想よく答えてもらえたことはほとんどない気がする。一日じゅう、暗い地下で働いていたら、いやでも気分が滅入《めい》るのかもしれない。それも、一畳ほどの狭さの、防弾ガラスに囲まれた水槽のようなブースに閉じ込められているのだ。

私が他人と言葉を交わすとき、相手の態度によって心が乱されないように、せめて自分は気持ちよく話そう、という意識が働いているのかもしれない、とふと思う。

そして、それが報われることが多いのも、この街のいいところだ。

五番の地下鉄はかなり混んでいた。冷房がかかっていなかったので、蒸し暑かった。一緒に乗り込んだ黒人の男の人が、車両の中ほどまで入っていこうとしているので、あとに続く。

その人は空いている席を見つけて、すわった。私はその人の斜め前に立っていた。男の人の隣に、黒人の女の人がすわっている。ちょうど私の目の前だ。女の人は膝の上のバッグの中からきれいに折りたたんだキッチンペーパーを取り出すと、何も言わずにその一枚を黒人の男の人にさし出した。彼も何も言わずに受け取った。

知り合いかと錯覚したほど、自然だった。男の人はあとから乗り、目も合わせていないし、まったく会話を交わしていないから、他人のはずだ。

女の人はたたんだキッチンペーパーで顔を軽くたたきながら、汗をふき始めた。男の人はペーパーを手に握ったまま、黙ってすわっていたが、やがて同じように顔じゅうをふき出した。

しばらくすると、女の人の隣の席が空いたので、私がすわった。彼女がまた顔をふき始めたとき、私が声をかけた。

You sure are well-prepared.

あなたは本当に、準備万端ね。

そうでしょ？

少し間を置いて、彼女が笑った。

それにしても、みんな、休暇を取っているのかしら。

辺りを見回して、彼女が言った。

こんなに蒸し暑いのに、冷房が効いていないからだ。

修理する人がいないのね、ということか。それとも、みんな、休暇中だから、冷房もいらないのね、という意味なのか。

だが、車内は混雑していた。

あなたはいつも、そうしてキッチンペーパーを持ち歩いているの？

ええ、そうよ。備えあれば、憂いなしでしょ？

その人が笑った。


駅に着くと、女の人が立ち上がった。

Stay cool.
涼しく過ごしなさいよ。

さっきキッチンペーパーを渡した男の人と私に、そう声をかけて、彼女は地下鉄を降りていった。

汗が引いた顔は、少しだけ涼しげに見えた。

次の一枚を、今度はどこで、誰に手渡し、涼しさをわけ与えるのだろう。

Stay cool.

涼しく過ごしなさいよ。

# 他人

地下鉄のブースで働く黒人の女の人に言われたとおり、グランド・セントラル駅で六番に乗り換えた。

ホームにまず、五番の列車が入ってきた。

近くにいたヒスパニック（中南米出身）の四十代ほどの女の人に、これは五一丁目には止まらないですよね、と確認すると、止まりますよ、と意外な答えが返ってきた。

でも、これは五番だから、急行ですよね？

五番だけど、六番の路線を走っているから、止まりますよ。

確信を持ってそう答えるので、その人と一緒に私も乗り込む。

ニューヨークの地下鉄が、まったく違う路線を走っているのは、日常茶飯事なのだ。急行が各駅の路線を走ることなど、変更とも思っていないらしい。異変に気づいたら、そのたびに係員を見つけて確認しなければならない。異変に気づかずに、各駅のつもりで急行に乗ってしまったら、猛スピードで走る地下鉄の車窓から、自分が降りるはずだった駅のホームが轟音《ごうおん》とともに一瞬のうちに過ぎ去っていくのを、指をくわえて空《むな》しくながめることになる。

女の人を信じて地下鉄に乗ると、数分後に車内放送が流れてきた。

この列車は急行です。次の駅は五九丁目です。

幸い、地下鉄はまだ動き出していない。あわてて飛び降りる。さっきの女の人は乗ったままだ。

再び、放送が流れる。

まもなく、六番の列車が参ります。

ホームで待っていると、いつの間にかさっきの女の人が隣に立っている。

私が女の人に言った。

目茶苦茶よね、これって。

その人が言ったことは違っていたが、あなたのせいではないのよ、と何気なく伝えたかった。

次に来るのに乗ればいいの、と言うように、その人は入ってくる列車を指さす。ニューヨーカーは臨機応変なのだ。

地下鉄を降り、地上への階段を上っていると、白いサンダルのかかとが階段に引っかかり、後ろにひっくり返りそうになった。隣の若い白人の女の人がとっさに私の体を支え、声をかける。

Are you OK?

大丈夫？

大丈夫よ。ありがとう。ヒールが引っかかって。

私が倒れそうになるのを見て、その人があまりにも驚いた顔をしたので、おかしくなって、吹き出した。

わかるわ。気絶しそうに見えたでしょ？


その夜、久しぶりに友人のゲイルに会った。ブロードウエイのミュージカルを観る前に、近くのレストランで夕食をとった。

ハンバーガーも美味しいけれど、ここのフライドポテトが最高なのよ、とゲイルが言う。

ポテトはパリッと揚げられていて、中はほくほくと柔らかかった。

ハンバーガーはトマト、レタス、ベーコン、チーズ入りで、肉だけで二センチほどある。レタスは五、六枚重なったままで、かなりの厚さだ。

口を大きく開けて、ハンバーガーを押し込むのよ。

ポテトをつまみ、ケチャップをたっぷり付けたハンバーガーに、あごが外れそうな勢いでかぶりつきながら、ニューヨーカーは無礼か、という話になった。

無礼な人は、ニューヨークにも東京にもいる。でも、その日、地下鉄のホームや階段で私が見知らぬ人と交わしたような会話を、東京の街で他人とすることはほとんどない。日本人も、人との関わりを求めていないわけではないだろう。

自分が心を開けば、そういう機会は東京でもきっと増えると思うの。

そう私が言った。


Absolutely!

そのとおり！


ゲイルの口癖だ。

彼女はブラジルに住む従弟の話をした。

9・11（同時多発テロ事件）のあと、ニューヨーカーはやさしくなった、と従弟が言ったんだけど、私はそうは思わないわ。彼自身がもっと他人に心を開くようになったのよ。

If you reach out to people, they will respond to you.
心を通わせようとすれば、人はそれに応えてくれるってもんでしょ。

この店に入り、すわってから、四度ほどテーブルを変えた。前のテーブルは落ち着かない、通された後ろのテーブルのすぐ脇には、同じ高さにスピーカーがあって騒がしい、とゲイルのリクエストに応えて、移動した。そのたびにウエートレスがにこやかに応えてくれた。日本人の感覚では厚かましいかもしれないが、これもゲイルの人懐こい人柄ゆえだろう。

美味しいハンバーガーとフライドポテトを平らげたあとで、テーブルに残されるチップの威力も、ニューヨークではもちろん大きいけれど――。

If you reach out to people, they will respond to you.
心を通わせようとすれば、人はそれに応えてくれる。

# ハーレムのパイ売りおじさん

炎天下のハーレムの歩道で、黒人の男の人がパイを売っていた。紅白のしま模様のパラソルを、日よけにしている。丸型のパイは無造作にラップされていて、いかにも手作りらしい。

折りたたみ式の小さい簡素な木のテーブルに並べられたパイには、種類も値段も書かれていない。客寄せもしない。ただ、その後ろにのんびりとすわっているだけだ。

足を止めた人に、

いくら？

と聞かれるたびに、

ちっこいのが一ドルで、でっかいのが三ドルだよ、

と答える。

表情も声も穏やかだ。

通りかかった黒人の女の人が、大きなほうを指さして、

これいくら？

と聞いた。
三ドルだよ。
パイ売りのおじさんが答えた。
女の人が一ドル札二枚をさし出すと、
三ドルなんだけどな、
とぼそっと言った。
あんた、さっき二ドルって言ったじゃないよ！
女の人は引き下がらない。
まあ、べつに二ドルでもいいけどさ。
おじさんが穏やかなまま、答える。
商売気がまったくない。しゃべっていると、客が来ていても気づかない。
私たちがパイをながめていると、おじさんがひと言、うめえよ、と言った。
おじさん、パイは誰が焼くの？
私が尋ねた。
おれだよ。全部、おれが焼くんだ。
これは何のパイ？
そいつはスイートポテト。これは白インゲン豆。これはキャロットで、それがアップルパイだよ。

パンプキンパイはないの？

私はパンプキンパイが好きだ。

パンプキンパイなんか、ダウンタウンに行けばどこにでもあるだろ。

ダウンタウン？

ハーレムはマンハッタン島の北部にある。地図上では南が下になることから、ふつう、マンハッタンの南部をダウンタウン、ハーレムよりは南だが、島の北部の住宅地をアップタウンと呼ぶ。でも、ハーレムから見ると、それより南（下）はすべて、ダウンタウンなのだろう。

どこで料理を習ったの？

夫が聞いた。

学校さ。十代の頃、職業専門学校に行って、焼き方を習ったんだ。その学校、今はもう、ないけどな。学校を卒業して、もうずっとパンやパイを焼いているのさ。

これがおじさんの仕事なの？

私が聞いた。

そうさ。稼ぎはちっとだけど、な。おれは何でも作れるぞ。イタリアンブレッドもペーストリーもピザも。

すごい。だったら、どこでも働けるわね。日本でも。

そうさ。日本に連れていってくれたら、焼き方を教えてやるぞ。

おじさん、お寿司も作れる？

あのな、寿司は焼けねえだろ。

家でも自分で料理するの？

ほとんど、おれだね。

奥さんは？

おじさんはこちらに顔を近づけ、声をひそめて言う。

あいつは、な。しねえっつうより、料理の仕方を知らねえんだ。女どもは五〇年代くれえから、ウーマンリブだか何だか知らねえが、料理なんかしなくたってかまわねえ、と思い始めた。かまわねえったって、おめえ、人間、食わなきゃ生きていけねえだろ。そいつをすっかり忘れちまってるんだな。

ま、だからな、料理はおれがするってことよ。あいつが喜ぶからな。

I make her happy.
おれのおかげで、あいつは幸せもんよ。
うちの妻は料理するよ。
夫が私をさして、おじさんに言う。

妻がするって、おめえは料理しねえのか。日本のレストランに行ってみろ。料理してるのは、みんな男だぞ。チャッチャッチャッ、ってよくやってるだろ。

テッパンヤキの名で知られるレストランのことを言っているのだろう。料理人がカウンター式の大きな鉄板の上で肉や野菜を焼き、ステンレスのフライ返しを空中で回す、食材に火をつけるなど、手さばきを客に披露して楽しませる。とくにアメリカの地方では、日本料理といえばあれを想像するアメリカ人は多い。

奥さんは働いているの?

ああ。

何してるの?

それが、よく知らねえんだ。一緒に仕事についてくわけじゃねえんだから、わかりっこねえ。本当に仕事に行ってるんだか、何してるんだか。そうだろ?

おじさんは笑う。

おじさんが一番好きなパイは、どれ?

そうだな。どれもうめえけど、な。キャロットだな。こいつはうめえぞ。

ニンジンはいやだよ。

突然、夫が会話に参加する。

そうか、いやか。じゃあ、白インゲン豆はどうだ。こいつも、いけるぞ。

白インゲン豆のパイ?　聞いたことないわ。

今までニューヨークに住んでいて、白インゲン豆のパイを知らねえのか。

白インゲン豆は、ネイビー・ビーン（navy bean）と呼ばれる。昔、米海軍（navy）の貯蔵食料だったことに由来するらしい。

白インゲン豆といえば、日本で食べる白あんのことか。白あんのパイなどアメリカで見た覚えがないが、美味しそうだ。

じゃあ、白インゲン豆のパイをひとつ、ちょうだい。

スプーンはいるかい？

いいえ。いらないわ。

見た目はよくあるふつうのパイだが、フォークではなく、スプーンで食べるのか。

おじさん、そのパイ、私たちにも二ドルで売ってくれる？

もちろんさ。あんたたちには特別価格だ。

I make her happy.
おれのおかげで、あいつは幸せもんよ。

# 白インゲン豆のパイ

あのな、白インゲン豆のパイなんか、ダウンタウンじゃ、見かけねえぞ。

ハーレムのおふくろならぬ、ハーレムのおやじの味なのだろう。

ニューヨークに住んでいながら、白インゲン豆のパイも知らねえのか、とさっきは呆《あき》れていたおじさんが、そう言う。

ニューヨークはずいぶん、変わっちまっただろ。

ここ数年はとくに、新しいビルが増えて、観光客が多くなった気がするわ。

観光客なんて、どこにもいねえよ。

ハーレムも、アポロシアターやゴスペルを歌う教会には、団体バスなどで観光客がやってくる。が、ごく限られた場所だけだ。この辺りに、観光客の姿はない。

ダウンタウンに、いっぱいいるわ。

さっき、おじさんが使っていた意味で、ダウンタウンという言葉を私も使ってみる。

あ、そうか。そりゃ、そうだよな。

おじさんは、ハーレムで生まれたの？

そうさ。あそこだよ。

おじさんはすぐ近くに見えるモダンなビルを指さす。

ハーレム病院だ。あそこで一九四三年に生まれたんだ。今じゃ、すっかり建物が新しくなっちまったけど、俺が生まれた頃はもっとずっと古かったんだ。

変貌していくニューヨークを、見守り続けてきたんだね。おじさんはハーレムの歴史の生き証人ってわけだ。

夫が言った。

そうさ。

黒人の友人が、何年も前にぼやいていた。

ハーレムに白人がどんどん押し寄せて、不動産が高騰し、黒人が住めなくなっている、と。

この地域には、ブラウンストーンと呼ばれる趣のある建物が、今も数多く残っている。褐色砂岩を正面に貼った、三、四階建ての建物だ。百年以上前にニューヨークやボストンなどのアメリカ東部の街で、裕福な人たちが住んでいた。ハーレムも十九世紀後半、高級住宅地だったのだ。

今となっては、ハーレムより南の、セントラルパークの東西に位置する高級住宅地とは違い、窓ガラスが破れ、壁がはがれ、修復せずに放置された建物も目立つが、重厚で味があることに変わりはない。

こうした建物の間に、こぎれいでモダンなビルが次々と建てられていく。新しいビルは薄っぺらで吹けば飛ぶようで、私には何の風情も感じられない。

たいして人通りもない道端で、来る日も来る日も、おじさんは自慢の手作りパイを売っている。道行く人と世間話をしながら、変わりゆく自分の街を見つめ続けている。

おじさん、写真を撮ってもいい？

ああ、いいとも。

おじさんは椅子をパラソルの外に出して、顔が見えやすいようにした。

メールアドレスがあるなら、この写真をおじさんに送れるけれど。

メ、メ、メールアドレス？

そう、メールで写真を送れるの。

おじさんはきょとんとした顔をしている。

そ、そんなもん、お、お、覚えてねえな。

メールアドレスなんてそんなもん、おじさんは持っていないのかもしれない。

メールアドレスなんてそんなもん、なくたっておじさんは、幸せそうに見える。

ふと見ると、黒人の男の人がパイをのぞき込んでいた。

おじさん、お客さんだよ、

と夫が教える。

これ、いくらだい？

ちっこいのが一ドルで、でっかいのが三ドルだよ。

同じやりとりが、また繰り返されている。


その様子を見ながら、夫が笑う。

おじさん、商売っ気がまったくないんだよな。

ひと言、値段を書いておけばそれで済むのに、そうはしない。聞かれたときだけ、ひとりひとりの客に対して、おじさんが自分の口で伝える。

We'll be back.
おじさん、また来るね。

おお、おお。またな。

おじさんは私たちに向かって、片手を上げる。

家に帰るまで待ち切れず、セントラルパークのベンチにすわって、おじさんが作った白インゲン豆のパイをかじってみた。

確かに豆の味がする。砂糖が加わり、まさに白あんそのものだ。パイ生地はサクサクで、豆はしっとりしている。よく効いたシナモンが、口いっぱいに広がる。

家に帰って、自分たちでコーヒーを入れ、もう一度、食べた。ゆっくりと味わいたかった。

ほどよく甘いパイは、苦めのコーヒーにぴったりだ。

どうだ、うめえだろ。

何本も前歯が欠けた、おじさんの笑顔が目に浮ぶ。

We'll be back.

おじさん、また来るね。

# 第二章　街角での出会い

# 私はニューヨーカー

あなたのヘアスタイル、とてもすてきだわ。

バス停に立っていると、横にいた白人の女の人が私に声をかけてきた。

はあ……。

容姿やヘアスタイルをほめられたとき、いつになっても素直にありがとうと言えない私。まして、うたた寝から目覚めてそのまま外に飛び出してきたものだから、寝癖《ねぐせ》がついているはずだ。だいたい自分がどんな髪型をしていたかさえ、覚えていない。

人からほめられる髪型などと、縁があったのか。

その人は説明する。

It's demure and regal.

Demure?　Regal?

そんな言葉でほめられたことは一度もないので、さらに戸惑った。

控えめで上品な、クラシックな、高貴な感じ、といったところだろうか。

そう言われて、自分の髪型をようやく思い出した。

ニューヨークに来る前日、行きつけの近所のヘアサロンでいつものお兄さんに、冗談半分にリクエストしてみたのだ。

かっこいいニューヨーカーのイメージにしてね、と。

ニューヨーカーのイメージですか。

そう言ってから、しばらく考え込んでいた。

オッケーです。僕、ニューヨークに行ったことないですけど、僕の中で今、ばっちりイメージ、できあがっちゃいましたから。

最近、ネット小説にはまっているとか、つき合っている彼女と結婚の話がまとまりそうだとか、そんな話をしながら、お兄さんは私の髪をカットし、くしでとかし、長さをそろえていく。

仕事が忙しくて、海外に行く時間などとてもないという。訪れたことはないけれど、映画か何かでいつか見たであろう海の向こうの大都会で暮らす人々のイメージに、私の髪を少しずつ近づけていく。

カットし終わると、お兄さんはうれしそうに手鏡をわきと後ろに当てて、私に見せた。

ほう、かっこいいですね。横と後ろから見ると。

前、と言わないところにカチンとくるものの、なるほど、わきと後ろから見るとなかなか粋だ。わきは耳が隠れる程度で、前のほうが長く斜めにカットされている。バックのトップはボリュームがあり、下はストレートだ。

ニューヨーカーにほめられるなんて、あのお兄さんに教えてあげたら、大喜びするだろう。

ホントですか。スゴイですね、と。

女の人は、自分の髪を指ですいてみせながら、いかに自分の髪型が気に入らないか、延々と話し続ける。肩に触れるほどの長さの、穏やかにカールした黒髪だった。恐らく染めているのだろう。

私の髪はすぐにカールしちゃって、あなたみたいなストレートにならないの。そんなふうにセットできたらいいのに。私もそろそろ、ヘアカットに行きたくなったわ。

バスがなかなか来ないので、私は地下鉄に乗ることにした。

別れ際に、その人に声をかけた。

Good luck with your haircut.
ヘアカットがうまくいくといいわね。

ありがとう。
女の人はそう答えて、ほほ笑みながら、右手の人さし指に中指をからませた。

I'll keep my fingers crossed.
うまくいくといいんだけど、
ということだ。

私もほほ笑み返して、自分の指を同じようにからませて、彼女に見せた。

I'll keep my fingers crossed.
うまくいくように祈っているわ。

I'll keep my fingers crossed.
うまくいくように祈っているわ。

# ギリシャ・レストラン

はい、お待たせ。注文は？

愛想のいいチャキチャキとしたギリシャ人のウエートレスが、伝票とペンを手に構えて立っている。

ここはニューヨークのギリシャ人街、アストリアにある人気レストランだ。

学生時代に一年間、ギリシャに留学した経験のある夫が、ギリシャ語で彼女にあいさつする。

Καλησπέρα.（カリスペーラ）

こんばんは。

ウエートレスが目を真ん丸くし、驚いた顔で私を見る。

I'm impressed.

すごいわね、感動したわ。

タコのグリルとカラマリ（イカ）のフライ。それとギリシャ・サラダを。
ギリシャ語で夫が注文する。
サラダは大きなサイズで、
と私が英語でつけ加える。
小さいほうにしなさい。ふたりならそれでじゅうぶん。
彼女は独断で決め、伝票に書き込む。
それと、ギリシャの白ワインをグラスでふたつ、
と夫がつけ加える。
ハーフカラフにしなさい。そうすれば、グラスでひとり三杯ずつ飲めるから、
とウエートレスが言う。
これも彼女が勝手に決めて、伝票に書き込む。
前にここに来たことがあるの、と聞くので、
初めてよ、と答える。
どうして今まで来なかったのよ、と問い詰められ、
ごめんなさい、また来るわ、と答えに窮する。
それは食べてから言ってちょうだい。
きっぱりそう言って、テーブルを去る。
自信がなければ言えないひと言だ。

サラダは真っ赤なトマト、みずみずしいキュウリ、大粒の紫色のカラマタ産オリーブ、と色とりどりだ。その上に、羊やヤギの乳で作る白いフェタチーズの大きな塊が一枚、どんとのっている。見た目は巨大な固いはんぺんのようだ。焦げ目の付いたタコのグリルは、表面がカリッとしているが、身はとても柔らかい。レモンを絞ってかけ、持ち込んだ醬油をたらして食べる。大皿に山盛りのカラマリにもレモン汁をたっぷりかけ、塩を振ってほおばる。

I'm impressed.
すごいわね、感動したわ。

We're impressed. We'll be back.
すごいわね、感動したわ。また来るわ。

彼女のお望みどおり、食べ終わったら伝えよう。

# ロックフェラーセンターの展望台

ある年の冬、ロックフェラーセンターの展望台からマンハッタンの夜景を見たいと思った。ここは、世界最大のクリスマスツリーや、中庭にある屋外のスケートリンクでよく知られる観光名所だ。夏はスケートリンクが、オープンカフェになる。

展望台はロックフェラーセンターの建設と同時に人々に開放されたが、一九八六年に閉鎖された。二十年の空白を経て、二〇〇五年秋に再オープンした。

高速エレベーターで、一気に六七階まで上がる。さらに上の七十階にある屋外展望デッキは、強化ガラスで囲まれていて、三六〇度のダイナミックな眺望が楽しめる。

クリスマス前の観光客の多い季節だったこともあって、エレベーターに乗るまでかなり待たされた。

誘導係の黒人の青年が、人々を何列かに分けて並ばせ、一列ずつエレベーターに乗せるために前に移動させていた。

三十分ほど待たされた頃、後ろから人をかき分けて、四、五十代の白人の女の人がやってきた。そして、その青年に向かって、まくし立てた。

ちょっと、あなた、どうしてあの列ばかり先に移動させるの。不公平じゃない。

青年は少しおどおどしながら、その人と私が並んでいた列をさして答えた。

そんなこと、ありませんよ。さっきはあなたの列を移動させました。

違うわ。ちゃんと見ていたんだから！

さっきは私たちの列を移動させていましたよ。私も見ていましたから。

私が青年に助け舟を出した。

きちんと移動させてくれているけれど、ずいぶん時間がかかるものですよね。

その女性の気分を害さないように、そんな気持ちを込めて、事実だけを語るように言った。

女の人は気勢をそがれ、困った様子で黙っていた。

とにかく、今度、私の列が移動しなかったら、お金を返してもらいますから！　冗談じゃないわ！

そう言い捨てて、引き下がった。

苦情を一手に引き受けるって、最高よね。

私がほほ笑みながら、青年に冗談を言った。

青年は苦笑した。

でも、いいこともありますよ。この前も、女の人が怒り出したんだけど、後ろに並んでいた人たちが、大丈夫、気にすることないわ。心配しないで、って僕に言ってくれたんです。みんなが僕に腹を立てているわけじゃないですから。

It all works out.
物事はうまくいくものですよ。

しばらくして、青年がエレベーターのところへ、私たちの列を誘導した。申し訳なさそうに、軽く頭を下げて青年が言った。
こんなにお待たせしているのに、ご親切にありがとうございました。

It all works out.
物事はうまくいくものですよ。

# トイレ友だち

コンサートが終わって三十分もたったというのに、女性用の化粧室の前には長い列ができたままだった。

じゃあ、ここで待っているよ。

夫は涼しい顔でさっさと男性用に入っていった。

ため息をついて並んでいると、五、六十代の白人の女の人がやってきた。長い列を見て、さらにトイレの中まで見に行って、同じようにため息をついている。仕方なさそうに私の後ろに並んだ。

こういうとき、男だったらよかったと思いませんか。

笑いながら、女の人に話しかけた。

その人は笑って、まったくね、とうなずいた。

コンサートは楽しまれましたか、

と私が聞いた。

あら、あなたもさっきのコンサートにいらしてたのね。もう、すばらしかったわ。あなたは、このあとのコンサートも聞かれるの？

その日は、同じシリーズのコンサートがもうひとつ、行なわれることになっていた。

いいえ。でも、そうすればよかったと思っていたところなんです。

私もよ。一緒にチケットを買っておけばよかったわ。

ニューヨークにお住まいですか。

ええ。ブルックリンで生まれて、人生のほとんどをここで暮らしたわ。カリフォルニアに三度、引っ越したけれど、そのたびにまた、ニューヨークに戻ってきたの。

女の人は首を横に振りながら、続けた。

There's no place like New York City. I can't live anywhere else.
ニューヨークのような場所はどこにもないわ。この街以外は、もう住めないわね。

話に夢中になっていると、あっという間に順番が回ってきた。後ろの人に先にゆずろうかと思ったほど、話が弾《はず》んだ。

会話が途切れたまま、ふたりともトイレに入っていった。


終わると、化粧室の前で夫が待っていた。

ちょっと、ここで人を待っていたいんだけど、と夫に言った。
待つって、誰を？
しばらくすると、さっきの女の人が出てきた。
あなたにさようならを言おうと思って、待っていたんですよ、と私が声をかけた。
まあ、それはそれは、ご親切に。
女の人がうれしそうに答えた。
もう、友だちができたのか。
不思議そうな顔をして立っている夫を、彼女に紹介した。
Sometimes it pays to be a woman.
女でよかった、というときもある。

It pays to be a woman.
女でよかった。

# ひどい仕打ち

もう二十年近く前のことだ。長距離列車で取材に行き、マンハッタンのチェルシーにあるペンシルベニア駅で降りた。

駅の前に止まっているイエローキャブ（タクシー）に乗ろうとすると、どこからともなく黒人の男の人が現れて、私のためにドアを開けた。

おそらくチップがほしかったのだろうが、私は大きな荷物を抱えていたわけでもない。お礼を言って、そのまま乗り込んだ。

すると、その人はイエローキャブのわきで何やらどなり散らしたかと思うと、動き出そうとするキャブの開いていた窓から、私の顔につばを吐きかけた。左側のほおと髪にべっとりとつばがついた。

あまりにひどい仕打ちに、私は呆然とした。ドライバーは気づいていなかった。

つばを吐きかけられたわ。

私がドライバーに言った。

何だって！

ドライバーは振り向くと、驚いた様子で、つばでぬれた私の顔を見た。そしてすぐに、そばにあったティッシュを箱ごと手渡してくれた。屈辱を受けた顔をドライバーに見られるのが、悲しかった。

チップがほしかったんでしょう。

ティッシュでつばをぬぐいながら、私が言った。

なんてやつだ。

ドライバーは、信じられないというように、頭を左右に何度か振った。

チップをあげるべきだったのかしら。

君は大きな荷物も何もないんだ。勝手にドアを開けたあいつに、チップなんてやる必要はない。

私の代わりに腹を立てているような、激しい口調だった。インド辺りからの移民なのだろう。強いアクセントがあった。

ドライバーは、しばらく黙ってイエローキャブを走らせていた。私はぼんやり窓の外の景色を見ていた。

突然、ドライバーが言った。

あの男を捜そう。

ありがとう。でも、もういいわ。

いや、捜そう。捜して、警察に突き出してやるんだ。君にあんなことをして、僕はあの男をこのまま許すわけにはいかないよ。君が急いでいるなら、別だけど。料金はいらないよ。

そう言って、彼はメーターを動かすのをやめた。

ドライバーは左右の窓から交互に外を見ながら、ペンシルベニア駅の辺りでできるだけゆっくり、イエローキャブを走らせ続けた。人混みのなかにあの男がいないかどうか、私も目を凝らして見た。

十分ほど捜し回っただろうか。結局、男は見つからなかった。

Thank you anyway. That was very nice of you.
いずれにしても、ありがとう。とても親切にしていただいて。

Are you all right?
大丈夫かい？

ドライバーは私が乗っている間、何度も私にそう声をかけた。私が動揺しているのではないか、と心配してくれた。

彼は運賃を受け取ることを、かたくなに断わった。

厚意に甘え、目的地へ直接行った場合の料金を払った。

I'm sorry.

ドアを開け、キャブを降りようとしたとき、ドライバーがつぶやいた。

気の毒に、という私への同情と、男を捜し出せなくて悪かった、という詫びの気持ちを込めて、言ったのだろう。

私には、男に代わって彼が謝ってくれているようにさえ、聞こえた。

That was very nice of you.
ご親切にどうも。

# ストライキ中

何年か前に、ある有名な老舗《しにせ》のシーフード・レストランの正面で、ストライキ中と書かれたプラカードを掲げて、七、八人の男女が立っていた。店に入ろうとする人たちにビラを配り、しきりに訴えている。

この店で食事をしないでください。

私に気づくと、ひとりの男の人が話し始めた。

ストライキを始めて、もう五週間になるよ。給料は減らされるし、健康保険料も新入りは自分で負担しろだとさ。この店は七十人以上の従業員を追い出して、代わりに新しいスタッフを雇った。コックは魚の料理の仕方も知らないんだ。ウエーターのサービスだって、ひどいもんだって、この前、ここで食べた客が言っていたよ。

男の人はわざわざ私を店の中へ連れていき、壁に飾られた写真を指さした。

あれがオーナーだった人だよ。でも、亡くなったんだ。従業員思いで、いい人だったな。そのあとに入ってきたのが、これがひどいんだ。時給七、八ドルで、どうやって健康保険料を払えっていうんだよ。

そうそう、この店は日本にも進出するんだよ。ってことは、金があるってわけだろ。だったら、従業員の保険料くらい払うべきだよな。

安くてうまいところは、ほかにもたくさんあるよ。

そう言うと、わきに抱えていた紙の束から一枚、私に手渡した。

この近くにあるシーフード・レストランのリストだよ。

シーフードを求めてここに来る客のために、わざわざほかの店のリストを作って配っているのだ。

男の人は七年間、この店で働き続けた。なかには勤続三十年以上の人もいるという。

ニューヨークのレストランは従業員の入れ替わりが激しいのに、ここはみな、長く勤めてきたという。この店が、好きなのだ。

彼らこそが、老舗の格を守ってきたのだろう。ほんの少し前までは、胸を張って客を迎えてきた店に、入らないでほしいとどんな思いで訴えているのだろうか。

Thank you for sharing that with me.

話してくれてありがとう。

私が言った。

Good luck.
幸運を祈っているわ。
Thank you.　We need it.
ありがとう。そう、僕らには幸運が必要だからね。

Good luck.
幸運を祈っているわ。
Thank you.　We need it.
ありがとう。そう、僕らには幸運が必要だからね。

# 色つきのお湯

夫とハドソン川沿いを散歩していて、コーヒーを飲みたくなった。近くにスターバックスもあったが、私は個人でほそぼそとやっている店が好きだ。この前、コーヒーを買ったお店なら知っているけれど。でも、そこのコーヒーは甘いお湯に色がついているみたいよ。

私が夫に警告する。

数日前の早朝、ひとりでその辺りを散歩していて、コーヒーがほしくなった。まだ開店していないカフェの前のテーブルでひとり、紙コップのコーヒーを片手に新聞を読んでいる白人の男の人を見かけた。

どこでコーヒーを買ったのですか、と声をかけ、教えてもらったのがその店だった。インドかパキスタンからの移民だろうか、店では二十代ほどの青年が働いていた。コーヒーとベーグルを買っていく人が多い。大きいサイズのコーヒーとマーブルクランチというマフィンを頼んだ。

ミルクと砂糖は？
と聞かれた。
両方、お願いします。でも、砂糖は控えめに。
砂糖は控えめに。
その人が、私の言ったことをそのまま繰り返す。それじゃ、量がわからないよな、と
いった感じで、愛想もなく。
受け取ったコーヒーを、その場でひと口、飲んだ。とても甘いお湯だった。

結局、また、夫とその店でコーヒーを買うことにした。
店に入る前に、私はひと言、加えた。
そのうえ、店のお兄さんはまったく愛想がないの。
コーヒーをふたつ、頼んだ。
ミルクと砂糖は？
青年が目も合わせずに、相変わらず無愛想に聞く。
ミルクは入れて。砂糖は控えめに。この前、甘すぎたから。
控えめって、いくつだよ。
袋入りなの、それともスプーンで？
この店では、青年がカウンターの向こうでミルクも砂糖も入れてくれるので、どちら

かわからない。

そう聞いても、返事がない。

ね、愛想よくないでしょ。

青年にわからないように、私が夫に向かって日本語で言い、苦笑する。ささやくと、その人の悪口を言っているように聞こえるので、わざとふつうの声で話した。

出された大きいサイズのコーヒーのプラスチックのふたの上に、砂糖がひと袋のっていた。


出身はどこですか。

青年に話しかけてみた。

バングラデシュだよ。

ニューヨークに住むバングラデシュの子どもたちが通う学校を、前に訪ねたことがあるんですよ。

ああ、そういう学校もあるな。どうして、そんなところに行ったんだ？

新聞の取材だったの。

君は物書きなのか。だったら、ひとつ書いてほしいことがある。

意外な反応だった。

何についてかしら。

A線の地下鉄についてだ。同じA線なのに、マンハッタンから乗ると行き先がふたつあるんだ。旅行者はA線に乗ればジョン・F・ケネディ国際空港に行くもんだと思ってるから、そのつもりで別の行き先のA線に乗って、飛行機に乗り損ねてしまう人が結構、いるんだよ。

どこ行きか車内放送はあるけれど、旅行者のなかには英語なんてわからない人も多いだろう。行き先が違うんだから、地下鉄を別の呼び方にするべきだよな。

初耳だった。マンハッタン以外を走るA線にはほとんど縁がないうえ、地下鉄の路線に疎い私が、知っているはずもない。

それは確かに、誰かが指摘しなければ、ね。

飛行機に乗り損ねちゃ、せっかくニューヨークに来た旅行者がかわいそうだと思ってさ。君が物書きだって言うから、ぜひ書いてほしいと思ったんだよ。

教えてくれて、ありがとう。

そうお礼を言って、私たちは店を出た。

無愛想だったお兄さんも、最後には笑顔になった。

He turned out to be a very nice person.

あの人、じつはとてもいい人だったのだね。

私はすっかり、彼の思いやりに感動している。

人は見かけではわからない。言葉を交わして初めて、その人の人となりがわかることがある。

だから、私はこういう店に足を運ぶのだ。

コーヒーは相変わらず、色つきのお湯だったけれど。

He turned out to be a very nice person.
あの人、じつはとてもいい人だったのだね。

# エルサルバドルのご馳走

友人に連れていってもらった中南米系のレストランのローストチキンを、私に食べさせたいと夫が言った。ある夏の夜、ハーレムよりさらに北にあるワシントンハイツでその店を探し回った。

この辺りは治安が悪く、犯罪率も高い。ドミニカ系を中心とするヒスパニックの移民が多く住んでいる。商店街にはスペイン語の看板があふれ、人々はスペイン語で立ち話している。テンポのいい陽気なラテン音楽が、大音量で聞こえてくる。

名前も住所もうろ覚えで、その店はなかなか見つからなかった。近所の人に尋ねてみると、どうやら小火《ぼや》で休業中らしい。仕方なく、近くにあるエルサルバドル料理の店に入った。

テーブルが五、六卓しかない狭い大衆食堂で、地元の人たちでにぎわっていた。四人がけのテーブルに男の人がひとり、すわっていた。目の前には大皿が置かれ、ローストされたチキンとポーク、ビーフに、あまり新鮮とはいえない生野菜が、たっぷりと載っていた。

私たちに気づくと、男の人はほほ笑んだ。気さくそうな人だった。

何を注文したのですか、
と尋ねてみた。

全部、載ったやつさ。名前なんて、知らないよ。

その人が答えた。

ここにすわって、食べたらどうだい？

自分のテーブルを軽くたたきながら、言った。

空いているテーブルは、いくつかあった。

ここにすわりたければ、おれはちっともかまわないよ。

せっかくそう言ってくれたので、同席することにした。

メキシコのビール、テカテ（TECATE）とローストチキンを注文した。

ウエートレスもヒスパニックのようだった。

冷えたビールとチキンが運ばれてきた。生野菜に米と豆が添えられていた。

メキシコを旅したとき、地元の人たちがビールの缶のふちに塩をふり、ライムを絞って飲んでいたことを思い出す。

後ろにすわっていた人たちが、氷の入った、ミルクのような乳白色の飲み物を飲んでいた。

米や大麦に、アーモンドやシナモンを加えたジュースさ。オルチャータ（horchata）

って言うんだ。飲んでみたいか。

その人がおごってくれるつもりなら悪いと思い、いらないわ、と答えた。

それでも男の人はカウンターへ行き、小さな紙のカップを手に戻ってきた。

甘く、ややスパイスがきいていて、前にどこかで飲んだ懐かしい味がした。

その人はメキシコからの移民だった。

職を求めてアメリカに渡ったとき、英語は何も話せなかった。

おれは三十年間、「P・J・クラークス」(P. J. Clarke's)で、バーテンダーをしていたんだ。

P・J・クラークスは三番街と五五丁目の角にある、創業一八八四年の有名なバー・レストランだ。店内にはセピア色の写真が飾られ、古き良きアメリカを彷彿《ほうふつ》とさせる。

歴代大統領、ジャクリーン・ケネディ・オナシスやフランク・シナトラなどの著名人も、この店をひいきにしていた。レストランの全盛期には、ジャズピアニストで歌手のナット・キング・コールがここのベーコン・チーズバーガーを「バーガーのキャデラック」と呼んだ。

ある常連客は生前に、自分の遺灰をこの店に置いてほしいと頼んだ。彼の遺灰は願いどおり、今もバー・カウンターの後ろに安置されている。

店のサイトを見ると、このように書かれている。

Jump into a taxi and say, "Take me to P. J. Clarke's." If the driver asks you for directions, jump into another cab.

タクシーに飛び乗り、「P・J・クラークスまでお願い」と伝えなさい。ドライバーが行き方を聞いたら、別のタクシーに飛び乗りなさい。

うちの店を知らないドライバーのタクシーなどに乗るな、ということだろう。

もう十時を回っていたので、ウエートレスに勘定を頼んだ。

あなたたちの勘定は、彼が払うって言ってるわ。

ウエートレスはそう答えて、隣にいるメキシコ系の男の人を指さした。

そんなわけにはいかないわ。

いや、払わせてくれ。

彼はそう言って、譲らない。

おれはこの街が好きなんだ。

I want you to have a good impression of New York City.

ニューヨークはいいところだ、と思ってほしいんだ。

ワシントンハイツを訪れる旅行者は、ほとんどいないだろう。なのに、そこに住む移民の彼の発言は、まるで旅行者を歓待するニューヨーク市長のようだ。

せっかくそう言ってくれるので、お礼を言い、席を立とうとしたとき、ウエートレスが私たちのテーブルにビールを三つ、運んできた。

ビールは頼んでいないわよ、
と言うと、その男の人が笑った。

おれのおごりだよ。

ビールを飲みながら、再び楽しく話していると、小学生くらいの子どもを二人連れて女の人が店に入ってきた。彼と同じように、ヒスパニックらしい。女の人は私たちのテーブルにやってくると、激しい口調でスペイン語でまくし立てた。何を言っているのかわからないが、彼が責められている様子だ。

どうやら、彼の妻らしい。

言うだけ言うと、女の人は子どもを連れて、店を出ていった。

三人の姿が見えなくなるやいなや、男の人がぼそっとつぶやいた。

I hate that woman!

あの女、でえっきれえなんだ。

彼が感情を込めて、そんなことを突然、言うものだから、私たちは大笑いした。

しばらくすると、さっきの女の人が戻ってきた。今度は子どもはいない。

何やら彼に怒鳴りつけたかと思うと、突然、彼の耳をつかんで、レストランから引きずり出した。

ふたりに気づかれないように、私たちもそっと店を出た。

ご馳走になったお礼を、もう一度、きちんと言いたかった。

が、そんなことがばれたら、彼は妻に耳を引き千切《ちぎ》られそうな勢いだった。

男はとぼとぼ、妻のあとをついていく。

大好きな街、ニューヨークの老舗で働き続けたことが、彼の誇りだ。カウンターの向こうでカクテルを作り、客をもてなすことが、一生を賭けた仕事だった。

その夜、私たちを歓迎し、もてなしてくれた彼は、あの頃のバーテンダーの自分に戻っていたのかもしれない。

I want you to have a good impression of New York City.
ニューヨークはいいところだ、と思ってほしいんだ。

# 親切な乗客たち

大学生だろうか、テキストのような分厚い本をめくっている白人の青年の隣にすわった。一四丁目のユニオンスクエアで、地下鉄N線に飛び乗ったものの、ペンシルベニア駅近くの三四丁目の駅で止まるかどうか、念のために確かめたかった。

隣の青年が本から目を離したときに、声をかけた。

この列車は、ペン・ステーションの近くに止まりますよね。

止まりませんよ。

青年はきっぱりと言う。

止まりますよね、と聞いたら、ええ、止まりますよ、と当然のように答えてくれるのを期待していたから、私は戸惑った。

三四丁目ですけれど。止まりませんでしたっけ?

Hold on a sec.

ちょっと待ってて。

sec というのは、second（秒）の略だ。

Hold on a second. や Hold on a minute. は、少し待って、という意味になる。

学生風の青年はそう言うと、わざわざ席を立って、車両の向こうまで地下鉄の路線図を見に行ってくれた。

そこまでしてくれなくても、それなら自分で確かめに行ったのに、と申し訳なく思いながら、彼の後ろ姿を見つめていた。

どこに行きたいの？

私の目の前には、中年の白人女性とスーツ姿の男性がすわっていた。そのふたりが、ほぼ同時に声をかけてきた。

ペン・ステーションです、と告げると、男性はしばらく考えてから、中年の女性とは反対側の隣にすわっている男の人に声をかけようとした。自分はわからないので、聞いてくれようとしたのだろう。隣のヒスパニック系らしい男の人は、青い野球帽を深々とかぶり、熟睡していた。

このまま三四丁目まで行って、そこから二ブロック歩けばいいわよ。

白人の女性が言った。

そうですよね、と答え終わらないうちに、さっきの学生風の青年が電車に揺られてあちこちにつかまりながら、よろよろと戻ってきた。

四二丁目のタイムズ・スクエアに行って、A線かC線かE線に乗って、三四丁目に戻るのがいいでしょう。このまま三四丁目で降りてもいいのですが、かなり歩きます。A、C、E線は、ペンシルベニア駅のある三四丁目に止まる。N線の三四丁目の駅は、それより東側にあるのだ。

前にいる白人女性に、私がちらりと目をやる。

心やさしき青年は、私の迷いを悟ったのだろう、こうつけ加えた。

If I were you, I'd go to Times Square.
僕が君だったら、タイムズ・スクエアまで行きます。

わざわざ路線図を調べてくれたこの親切な青年に、僕が君だったら……とまで言われて、素直に従わないわけにはいかない。

三四丁目に近づくと、前にすわっていた中年の白人女性が立ち上がり、私のすぐ脇にあるドアの前に立った。さっき、ここで降りなさい、とアドバイスしてくれた人だ。

駅でドアが開くと、私を見た。

タイムズ・スクエアなんかで降りたら、階段を上ったり下りたり、大変よ。

学生風の青年への気遣いか、少し声を落としてそう言うと、列車を降りていった。

青年は本を読んでいて、気づいていないようだった。

私の斜め前にすわっていた黒人の女の人には、聞こえたらしい。私と目が合うと、言われちゃったわね、という感じで、ほほ笑んで肩をすくめた。母子だろうか、その隣では、八歳くらいの黒人の女の子が、ゲームに夢中になっている。私もほほ笑み返した。

タイムズ・スクエアに近づくと、その人が私に向かって、次の駅よ、と言った。最後にひと言、言い残していっただけあって、あの女の人は正しかった。階段を上ったり下りたりし、おまけに二ブロック分、しっかり歩かされた。違いは、それが地下だったというだけだ。そのうえ、逆方向のA線に乗りそうになり、さらに三人に聞き、ペンシルベニア駅では出口を間違え、かなり歩くはめになった。

ニューヨークに住み始めて二二年とは、自分でも信じがたい。

だが、相手はなんといっても、ニューヨークの地下鉄だ。路線を覚えた頃には、路線が変わっている。突然、行き先が変更されたり、各駅停車が急行になったりする。行き当たりばったりの地下鉄と、その場主義の私は、結構お似合いかもしれない。

If I were you, I'd go to Times Square.
僕が君だったら、タイムズ・スクエアまで行きます。

# 日系人のエミ

マンハッタンの教会で、礼拝後にエミという日系アメリカ人四世と知り合った。ハワイのオアフ島で生まれ育った。一八〇〇年代に曾祖父母が広島の南にある小さな村からハワイへ移住した。母親はマウイ島、父親はハワイ島で生まれたという。

エミはひとりっ子だ。家族を残し、単身、ニューヨークへやってきた。

エミって、漢字でどう書くの？

エミは首をかしげた。

おばあちゃんが昔、書いてくれたけど、もう覚えていないわ。

バッグからメモ帳を取り出し、私が書いて見せた。

恵美？

覚えていないわ。天の恵みを受けた（blessed）という意味だって、おばあちゃんが言ってたけど。

じゃあ、やっぱり「恵美」じゃないかしら。美しくて、天の恵みがある——。

「恵美」の二文字を見つめながら、エミがうなずく。

そうかもしれないわ。おじいちゃんとおばあちゃんは、日本語も少し教えてくれたの。

そう言うと、遠い記憶をたどるように目を閉じ、ひと言、ひと言、ゆっくり口にした。

ベンジョ。ベントウ。ムスビ……。ほかの言葉は、忘れちゃった。

エミが笑った。

数年前に訪れたハワイで、私が日系人から聞いた日本語と同じだった。


ご両親がさびしがっているでしょう。

私が言った。

そうなの。父はなぜ私がひとりでニューヨークになんて住みたいのか、わからないって言うわ。

もう、ハワイに住むつもりはないの？

私が聞いた。

長い間、親元を離れていた私が、会うたびにいつも母に言われてきた言葉だ。

あんたはもう、日本に住むつもりはないの？と。

親に何かあったときには、面倒を見るために戻るつもりよ。

エミが答えた。

元気なうちに娘にそばにいてほしいと、きっと両親は思っているだろう。

日本にいる母の顔が浮かぶ。
どうして、ニューヨークにいるの?
あなたの仕事、ハワイではできないの?
自分のことを棚に上げ、まるでエミを責めるように、質問を浴びせる。
私自身がいつも、同じことを自分に問い続けてきた。

しばらく沈黙し、エミが笑いながら言った。

I like it here.
私、ここが好きなのよ。

そう。私の答えも、いつもそれだった。

I like it here.
私、ここが好きなのよ。

## ホワイトアスパラガス

ベートーベンのコンサートの直前に、会場であるリンカーンセンターのすぐ近くで、演奏される曲について講演があった。

講演会場には丸テーブルがいくつも置かれていた。かなり混んでいたので、夫と私は高齢の白人夫婦に同席させてもらった。

その夫婦はドイツ出身だった。半世紀も前に、祖国で高校の同級生だったという。その後、結婚し、一九六一年にアメリカへ渡ってきた。夫は物理学者だ。故郷ニュルンベルクにも家があり、今も年に三回ほどドイツに帰るという。

ニュルンベルクはドイツ南部のバイエルン州にある。第二次世界大戦中、空爆で大きな被害を受けたが、中世の面影を残す美しい街並が復元されているという。旧市街はニュルンベルク城（カイザーブルク）の城壁で囲まれており、ロマネスク様式の木組み建築の家並みやゴシック様式の教会などが見られる。

ここは、リヒャルト・ワーグナーの楽劇「ニュルンベルクのマイスタージンガー」の舞台としても知られる。

ナチス・ドイツ時代には、ナチス党大会でユダヤ人から市民権を剝奪する、いわゆるニュルンベルク法が定められ、ナチス・ドイツを象徴する場所となった。戦後は、ナチス独裁政権下の戦争犯罪人に対する「ニュルンベルク裁判」が行なわれた。

私たち夫婦も高校の同級生ということもあって、話が弾んだ。

妻はドイツを恋しがっているようだった。

私にとっては、今もドイツが故郷なの。兄弟も親戚もいるし。でも、子どもはアメリカで生まれたし、ここを離れることはできないわ。この人、毎年初夏にドイツに帰りたいって言うから、どうして、って聞いたら、シュパーゲルの収穫の時季だからって。ニュルンベルクは、おいしいシュパーゲル（spargel）がたくさん採れるの。

シュパーゲルとは、ドイツ語でホワイトアスパラガスのことだ。ドイツ人にとって、初夏の訪れを実感できる特別な存在なのだろう。

妻が彼を見る目は、とてもやさしい。

その時季は、毎日二食、シュパーゲルを食べるんだよ。

彼が笑う。

ドイツのもので、シュパーゲルのほかに恋しいものは？

私が尋ねた。

しばらく考えてから、彼が答えた。

ああ、リースリングだね。

リースリングは、ドイツの代表的白ワインだ。

キリッと冷えた辛口のリースリングに、シュパーゲルは最高に合うんだよ。

アメリカで過ごした歳月の分だけ、生まれ故郷は遠くなっていく。それでも、高齢になった今も、ニューヨーク郊外から一時間かけて運転し、夫婦で手を携えて故国の作曲家の音楽を聞きに来る。ふたりが出会った故郷に毎年帰り、シュパーゲルとリースリングを楽しむ。

講演が終わり、別れの握手を交わしながら、ドイツ人夫婦に言った。

We'll think of you whenever we have white asparagus.

シュパーゲルを食べるたびに、きっとおふたりを思い出しますよ。

翌年、ニューヨークのスーパーで、シュパーゲルを見つけた。缶詰ではない生のものをスーパーで初めて見かけた気がする。それまでも目にしていたのかもしれないが、ふたりに出会うまで意識もしなかった。

私たちは迷わず、ひと束買い求めた。皮をそぎ落とし、熱湯で茹《ゆ》で、溶かしバターをかけて食べた。茹でたてのシュパーゲルがバターと混じり合い、その塩気に引き立てられた甘みが口の中にとろけるように広がる。

翌々日も、同じスーパーに足を運び、シュパーゲルを買った。

メールアドレスも住所も交わさなかったふたりと、もう会うことはないのだろう。シュパーゲルを食べては、ふたりを思い出し、初夏になれば、今頃、ニュルンベルクにいるのだろうかと、まだ見ぬ土地に思いをはせる。

We'll think of you whenever we have white asparagus.
シュパーゲルを食べるたびに、きっとおふたりを思い出しますよ。

# ブルックリン・ブリッジを散歩！

ドイツ人夫婦と会話が弾んでいたときに、高齢の白人女性が声をかけてきた。

この席は空いていますか。

ええ、どうぞ。

そう答えて、私たち四人はまた話し続けた。

途中からテーブルに加わった女の人は、黙ってすわっていた。

同じテーブルなのに、ひとりだけ会話に加わっていないのも申し訳ない気がしたし、私を見てほほ笑んでいるのがわかったので、声をかけた。

すぐ近くに住むユダヤ人だった。

ナチス・ドイツの象徴とも言われた街を生まれ故郷とするドイツ人夫婦と、たまたま同じテーブルにすわり合わせたのか。

同席している私の夫は、広島の原爆で祖父母を亡くした。歴史に翻弄《ほんろう》された人たちが、このニューヨークの街で、偶然、巡り合った。

リンカーンセンターから、ほんの二ブロックのところに住んでいるの。

まあ。私も二ブロックのところに住んでいたら、どんなにいいでしょう。

ドイツ人の妻が、うらやましそうに言った。

ま、本当は三ブロックだけど。

ユダヤ人女性が訂正する。

それにしても、ここに来ている人は、年寄りばかりね。全員五十歳以上だわ。

自分も高齢なのに、その人がつぶやいた。

確かに高齢者が多い。私が冗談っぽく言った。

あら、全員五十歳以上だなんて、私たち夫婦は違いますのよ。

ええ、ええ。もちろん、あなたがたふたりは別よ。

あわててその人が否定し、皆で笑った。

講演が終わってから、ユダヤ人女性とコンサート会場まで一緒に歩いた。階段では足元がおぼつかないようだったので、彼女の手を取って下りた。

エレベーターを探せばよかったわね、ごめんなさい。

私が謝った。

ニューヨークにいる私の友人は、なぜかユダヤ人が多いんですよ。

They're all open-minded and friendly.

みんな、心が広くて、フレンドリーで。
私が女の人に言った。

That's you. You're open-minded and friendly.
心が広くてフレンドリーなのは、あなたでしょう。

その人が笑った。
彼女は、白黒写真のカメラマンだという。
しばらく、お互いの仕事の話などをしていると、唐突にその人が聞いた。
明日の夜はあなたたち、予定があるのかしら。
明日の夜は、ユダヤ人の友人とブルックリン・ブリッジを散歩する約束をしたの。
「ユダヤ人」を強調したので、彼女が笑った。
ブルックリン・ブリッジを散歩！

Oh, I can't beat that.
あら、それにはかなわないわね。

ブルックリン・ブリッジを散歩するほうがずっと楽しそうね、ということだ。

イーストリバーにかかるこの橋は、マンハッタン島とブルックリン区を結ぶ。アメリカで最古の吊り橋のひとつで、車道の上に歩道がある。向こうに摩天楼や自由の女神を眺めながら、まるで空中を歩いているようで、開放的で気持ちがいい。

明日の夜、何か?

もしよかったら、ワインをご馳走したかったの。

まあ、うれしい。でも残念だわ。

また、いつか。

ブルックリン・ブリッジも、ワインにはかなわないかしら。

いえいえ。ブルックリン・ブリッジのほうが楽しいわよ。いつか近いうちに、きっと機会があるわ。

必ずまた、会いましょう。

そう言い合って、別れた。

彼女が撮っている写真の話を聞きたかった。ウッドストックにも家があり、これまでに撮った写真の多くはそこに保管されていると言っていた。ウッドストックは、一九六九年の夏にロック・フェスティバルが開かれたことでよく知られている。ニューヨーク州南東部の村で、マンハッタンから車で北へ二時間ほどのところにある。

そういえば彼女は、その日のコンサートの協奏曲で演奏したソロ・ピアニストの従姉《いとこ》だと言っていた。

たまには親戚を代表して、来てやらなきゃと思ってね、と笑っていた。

ワインを飲みながら、話題は尽きないだろう。

いつ、どんな出会いがあるかわからないから、ニューヨークは離れられない。

Oh, I can't beat that.
あら、それにはかなわないわね。

# 三二歳の孫娘

講演で出会ったユダヤ人女性と交わした会話について、確認したいことがあった。

コンサートが終わったら、「オニールズ」(O'Neals')で「養子にした孫娘」と二週間ぶりに会って食事をするの。

そう言っていたことを思い出した。

「養子にした」というのは、冗談よ。でも、彼女が望むなら、本当に養子にしてもいいと思っているわ。そうすれば、あの娘《こ》、アメリカにもずっと住めるし。なかなか永住権を取れないのよ。それに、ひどい家庭で育ったから、おばあちゃんが必要な娘なの。

「孫娘」は三二歳のイギリス人だという。暗室の助手として、その女性のもとで働いていた。

We clicked.

私たち、ビビッと感じるものがあったのね。

「オニールズ」は通りをはさんで、リンカーンセンターの目の前にある。場所柄、音楽や舞台芸術の関係者や観客が多く利用する。夏はオープンカフェになる。

ひと言、話すだけなら、食事の邪魔にならないだろうと思い、レストランへ向かった。

店のドアを開けると、すぐそこにスタッフが立っていたので、声をかけた。

知り合いがこちらで食事をしているはずなんですが。

で、その方のお名前は？

感じのよい態度でそう聞かれ、彼女の名前も知らないことに気づいた。

じつは、さっき知り合ったばかりで、名前も知らないんです。

そう言っても、不思議そうな顔もしないのが、ニューヨーカーだ。広いレストランのダイニング・エリアをくまなく捜した。別のスタッフがやってきて、一緒に捜してくれた。が、彼女の姿はなかった。

あきらめて、店を出ようとしたとき、入り口近くのカウンターにすわっている彼女を見つけた。

私に気づくと、へーイ！　と大声をあげ、抱きついてきた。

その女性は私の手を握り、私を「孫娘」に紹介する。

She’s so cute.

この子、本当にかわいいのよ。

この人、というより、この子、という感じで言った。

実際の年齢より、かなり若いと思っているのだろう。

年下の「孫娘」に「かわいい」と紹介されて、妙な気分になる。

あなたが「孫娘」ね。「おばあちゃん」にあなたのこと、聞いたわ。ビビッと感じるものがあったって。

私が言った。

いったい、あなたたちふたりは、いつどこで知り合ったの？

「孫娘」はほほ笑みながら、目を白黒させている。

We clicked.

「おばあちゃん」と私も、ビビッと感じるものがあったのは、確かなようだ。

We clicked.
私たち、ビビッと感じるものがあったのね。

## 他人を放っておけない人たち

そのユダヤ人女性と「孫娘」に会ったあと、老舗の食料品店「ゼイバーズ」(Zabar's)へ行った。アッパー・ウエスト・サイドの名所として、今では観光客にも広く知られるようになった。

ウィンドーケースやカウンターの後ろに山と詰まれた世界じゅうのチーズ、大きなバケツからあふれんばかりの地中海各地のオリーブ、スモークサーモンのほか、チョウザメ、ニシン、サバなどの黄金色に輝く魚の燻製、ベーグルやバゲット、パイ、パスタソース、と歩き回っているだけでも楽しくなる。

豊富な種類の惣菜売場の前は、その日のおかずを選ぶ人たちでいつもにぎわっている。ルイス・ゼイバーは、ウクライナ生まれのユダヤ系移民だった。父親を虐殺され、迫害を逃れてカナダ経由でアメリカに渡った。同じ村出身のリリアンとニューヨークで再会し、結ばれた。

「ゼイバーズ」は、ブルックリンのファーマーズマーケットの小さな屋台から始まり、一九三四年に今の場所に移った。当時は、故郷で食べていた魚の燻製を売った。品質のよいものだけを手頃な値段で届けることで、客の信頼を得ていった。ふたり亡きあと、兄弟三人がその遺志を引き継ぎ、手を取り合って店を大きくしてきた。今では孫たちも加わり、コーヒー豆の焙煎から魚の燻製の買い付け、在庫の管理、通信販売まで、家族がひとつになって店を切り盛りしている。

閉店間際で、店員たちは商品を片づけ始めていた。チーズやプロシュート（生ハム）などをカゴに入れていると、スモークサーモンの売り場で体格のいい三十歳くらいの白人の店員が、通路の向こうの売り場にいる若い男の店員に向かって大声で話していた。

お前のおっかさんは、いっつも親切でいい人だよな。そうなんだ、いっつもナイスなんだよ。ナイスで、すっごくいかしてるんだよ。だからおれは、お前が好きなんだ。母親がいい人だから、お前も好きなんだよ。お前のおっかさんが、おれにこう言ったんだぜ。

Look out for my son.
息子の面倒をよく見てやっておくれよ、

ってな。

だからおれは、お前に目をかけてやんなきゃって、思ってんだよ。

彼は自分に言い聞かせるように、語っていた。

カウンター越しに大声で、自分の母親の話をされている若い店員は、ヒスパニックだろうか。照れ笑いをしながら、黙って聞いている。

ゼイバーズはどこか、家族経営ならではの庶民っぽさがある。ゼイバー家だけでなく、ここで働く人たちもみな、大きな家族のようで、聞いている私も口元がゆるんだ。

孤独なはずのニューヨークのあちこちに、他人を放っておけない人たちが住んでいる。

Look out for my son.
息子の面倒をよく見てやっておくれよ。

# アスタ・マニャーナ（また、あした）

レストランの隣のカップルは、妙に口数が少ない。さっきはスペイン語で何か言い合っていた。男の人は、目の前の女の人をほったらかしにして、携帯電話で話し始めた。しばらく、切りそうもない。

女の人は私のすぐそばにすわっていた。退屈そうだったし、その人が食べていた大皿からはみ出しそうな巨大な魚が何なのか知りたかったので、話しかけてみた。

英語がよくわからないらしく、携帯電話で長々と話し込んでいる目の前の男の人を指さした。

その人はようやく携帯電話を切った。

彼と私の夫も加わり、会話が始まった。ふたりはパラグアイ人だった。男の人は長年ニューヨークに住んでいて、女の人がパラグアイから彼を訪ねてきたという。

ニューヨークには初めて来たの？

私が女の人に聞いた。

そう。でも、これ、最初で、最後。

女の人が私に、単語を並べただけの英語で言った。

どうして、最後なの？

だって……。この男、ほかに女、いた。

片言の英語で女の人が言う。

今にも泣き出しそうだ。

そんなプライベートなことを、たまたまレストランで隣り合わせた私に話すというのは、ショックがあまりに大きいからなのか。たった今、その事実を知ったのだろうか。

男の人は気まずそうに苦笑する。

私にも似たような経験があった。その辛《つら》さを、鮮明に思い出した。女の人の沈んだ顔を見ているのが気の毒で、胸が苦しくなった。

そんな思いをしているのに、相手は携帯電話の会話に夢中で、ひとりそっちのけにされていたのだ。それも、目の前の巨大な魚にほとんど手をつけずに。

ひどい話ね。私にも同じようなことがあったわ。彼女に通訳してあげて。

私は真面目な顔で、男の人に言った。

彼は通訳せず、黙っていた。

いい男なんて、いっぱいいるわ。誠実な人、ね。これも彼女に通訳してあげて。

私はまた、彼に言った。

女の人は私の言ったことがわかったらしく、首を縦に振った。こういう話になると、なぜか彼女も英語がわかるらしい。

You'd better behave yourself.
まったく、少しは慎みなさいね。

私は事情も知らないくせに、余計なお世話なのに、責めるように彼に言った。似たような状況のとき、ふつうは冗談で使われる表現だ。
彼は意外にも、素直にうなずいた。そして、ため息混じりにつぶやいた。
いやあ、まいったなあ。今夜は外で寝ることになりそうだなあ。
その後、パラグアイのことや、そこで農業に携わる日本人移民がいかに勤勉かといったことを、彼が話してくれた。さっきのことなどすっかり忘れたように、話が弾んだ。女の人も少し心が軽くなったのか、笑顔がこぼれた。

しばらく話していると、女の人が私に、スペイン語でひと言、言った。
Dirección.（ディレクシオン）
ずいぶん前に、大学で二年間勉強したスペイン語の記憶がよみがえってきた。住所、と言っているのだろう。

郵便よりメールの方が便利だろう。

メールアドレスがいいかしら、と尋ねると、何度もうなずいたので、テーブルにあった紙ナプキンに私のメールアドレスを書いて、渡した。その人も自分のテーブルの上に置かれた紙ナプキンに、ていねいに自分の住所、電話、ファックス番号まで書いてよこした。

別れるとき、私は何を間違えたか、スペイン語で言った。

Hasta mañana.（アスタ・マニャーナ）

また、あしたね。

おそらく、もう二度と会うことはないふたりなのに。

女の人もほほ笑みながら、何のためらいもなく、答えた。

Hasta mañana.

また、あした。

そのあいさつがなんとも自然に感じられた。

You'd better behave yourself.

まったく、少しは慎みなさいね。

# 第三章　あたたかい人々

# 楽しんで

Enjoy your flight.
空の旅をお楽しみください。
空港でチェックインしたときに地上係員が、機内のアナウンスで機長が、よく口にする。

Enjoy your meal.
食事を楽しんでください。
レストランで食事を運んできたウエーターが、そう言葉をかけて去っていく。

Enjoy.
買った物を、楽しんでください。

店で商品の支払いを済ませると、別れ際に店員が声をかける。

暖かい日が続いた三月のある日、ニューヨークに久しぶりに大雪が降った。朝のニュースでキャスターが、その日は五年ぶりに市内の公立校が休校になると伝えた。

Congratulations! Schools in New York City will be closed. It doesn't happen very often. So, enjoy.

おめでとうございます！ ニューヨーク市の学校は休みになります。めったにないことです。楽しんでください！

私たち夫婦に危機が訪れたとき、アメリカにいる親しい友人が言った。

Enjoy each other.

お互いを楽しみなさい。

楽しみなさい、と言われても、そんなに簡単なことではない。

そのうちに、ようやく気づき始めた。ありがとう、という気持ちになると、楽しめるのだということに。

東京からニューヨークまでの十三、四時間のフライトも、食事を楽しみ、客室乗務員との会話を楽しみ、読書や映画を楽しめるようになる。

レストランで出された食事が、たとえ期待していたほどでなかったとしても、ともに食事ができる、そのことを楽しめるようになる。

I'm enjoying life.
人生を楽しんでいます。

そう思えれば、幸せは向こうからやってくる。

I'm enjoying life.
人生を楽しんでいます。

# 仮運転免許の試験

ウィスコンシン州にある人口二千六百人ほどの小さな町の高校に一年間、留学していた。この州は、カナダとの国境にある五大湖のうち、北はスペリオル湖に、東はミシガン湖に接している。酪農地帯が続く北海道のようなところだ。

ちょうど私が留学した一九七〇年代後半に、日本でも放映された人気テレビシリーズ「大草原の小さな家」(Little House on the Prairie) は、ウィスコンシン州を出ていくところからストーリーが始まる。

列車もバスも通らず、車なしでは生活できない。自動車教習所などはなく、高校に運転免許を取得するための科目があった。車のことなど何も知らない私に、ホストファミリーや隣に住む男の子、友人たちが自家用車を使って、エンジンの仕組みや実際の運転を手取り足取り教えてくれた。

仮免許の筆記試験が地元の消防署で行なわれた。夜遅くまで勉強した。学校から試験会場に行くとき、教室を出ていく私に、同級生のマリー・ジョーがノートの切れはしを手渡してくれた。

Good luck!

うまくいくといいね！

マリー・ジョーの手書きの文字で、そう書かれていた。

同級生たちはすでに免許を持ち、車を運転していた。一緒に試験を受けたのは、下級生ばかりだった。ほかの生徒たちは二十分もたたないうちに答案を書き終え、さっさと試験会場を出ていった。

留学生の私だけ、特別に辞書の持ち込みが許された。時間制限はなかった。

英和と和英の分厚い辞書をめくりながら、私はただひとり部屋に残り、三時間もかけて慎重に答えを書いた。

すべて答えを書き込み、試験官の待つ窓口へ答案用紙を持っていった。

その場で採点された。私は目の前に立って、それを見守っていた。

採点し終わると、試験官が言った。

I'm sorry.

残念だったね。

仮免許の筆記試験など、ほとんどの生徒が合格すると聞いていた。

試験は確か昼過ぎに始まったが、消防署を出ると、外はすっかり暗くなっていた。

雪道をとぼとぼ歩きながら、涙があふれてきた。

あんなにがんばって勉強したのに。三時間もねばったのに……。


家に帰ると、ホストファミリーの両親が、私の帰りを待っていた。

マム（お母さん）はキッチンで夕食の仕度をしていた。

ダッド（お父さん）はリビングルームでテレビを見ていた。

私は泣きはらした顔をふたりに見られないように、目を合わさなかった。ふたりはすぐに、結果を察したのだろう。

Mitz.

ミッツ。

マムに声をかけられ、顔を上げた。

マムの気の毒そうな、でもいつもの穏やかな顔を見るなり、私は泣き出した。

Poor Mitz.

かわいそうなミッツ。

マムが私を抱き寄せた。

キッチンにダッドがやってきた。そして私の肩に腕を回し、大きな声で言った。

Hey, Mitz!　It's not the end of the world.

おいおい、ミッツ！　この世の終わりでもあるまいし。

異国の地でホームシックにかかり、英語がわからなくて何度も泣いた。

そんな日本人の「娘」を、マムとダッドはいつもこうして励ましてくれた。

It's not the end of the world.
この世の終わりでもあるまいし。

# お人よしなトイレ清掃員

正面にある大理石のライオン像で知られるニューヨーク公共図書館の三階に、女性用トイレがある。巨大なゴミ箱からは手を拭き終わったペーパータオルがあふれ、床にはトイレットペーパーが散らかっていることが多い。

四二丁目に面したわきの入り口の近くにあるトイレは、あまり知られていないのか、三階に比べてきれいだ。私は急を要していたが、わざわざ三階から下りていった。トイレの前には、清掃用具を手に持った黒人の男の人が立っていた。

三階に行きな。

私を見るなり、清掃員が言った。

ええ！

私は悲痛な声を上げた。

彼はしばらく私の顔を見ていたが、意志は固いようだった。

あきらめて引き返そうとしたとき、清掃員が言った。

じゃあ、入ってもいいや。なんだか、あんたに殴り倒されそうだからな。あんたが済んだら、掃除するよ。

Go ahead.

お先にどうぞ。

私は恥ずかしいような、申し訳ないような気持ちで、彼に歩み寄った。

あの……、私、そんなにすごい顔、してました？

気がつくと、すぐ後ろに大学生くらいの白人の女の人が立っていた。トイレを使うためにやってきたようだ。清掃員と私のおかしなやり取りを、聞いていたのだろう。

その人は私たちの会話に加わり、清掃員に言った。

私だったら、もちろん殴り倒したりなんかしないわよ。う〜ん、でも、どうかな。やっぱりするかも。

三人で大笑いした。

高級レストランのボーイが客を案内するかのように、清掃員が女の人に腕を差し出して、トイレに招き入れた。

そして、同じように、彼女に言った。

Go ahead.
お先にどうぞ。

私のすごい形相のおかげで、彼女もすぐに用を済ませることができた。
お人よしなこの清掃員、いったい、いつになったら仕事を始められるのやら。

Go ahead.
お先にどうぞ。

# 黒い髪の娘

以前、どこかで聞いた話だ。
日本にやってきた外国人が、日本語がわからず、さびしい思いをしていた。
あるとき、茶髪の女の人の後ろ姿を見かけた。
ああ、ガイジンだ。英語が話せるかもしれない。
そう思い、嬉々として走り寄り、声をかけた。

Excuse me.
あの、すみません。

振り向いた女の人は、茶髪の日本人だった。

日本で茶髪がはやり出すと、すぐに髪を染めた流行に敏感な友人が、私に言った。
茶髪じゃない人って、服装も洗練されていないわよ。

なるほど、と思った。

私は一、二度、面白半分に自分で染めてみたことはあるが、それきりだ。西洋人にうらやましがられる黒髪を、わざわざ茶色に染めるのはもったいない。


ウィスコンシン州の高校に留学していたとき、ホームステイ先のおばあさんのマジーは、道を隔てた向こう側の家にひとりで住んでいた。マジーはマムの母親だった。日曜日になると、私はよくマジーを訪ねた。いつもリビングルームの角に置かれたふかふかの安楽椅子にすわりながら、昔話をしてくれた。

マジーの父親は警官だったこと、父親はアメリカン・インディアンに殺されたこと、日本に駐留していたダッドがさみしくないようにと、マムが励ましの手紙を書いたことが縁でふたりが結ばれたことなどを、私の手をやさしくさすりながら、話した。

ときどき、ふと思い出したように、話を途中でやめて、ミッツィ？　と私の名を呼び、愛《いと》おしそうに見つめた。

こっちにおいで、と私をひざの上にすわらせ、髪をなでた。

You know something?
あのね。

何か大切なことを言うとき、マジーはいつも、ほほ笑みながらそう語りかけた。

私はね、黒い髪の娘を授けてくださいって、いつも神様にお祈りしていたんだよ。だから、ミッツィがうちに来てくれたときには、本当にうれしかった。神様が私の祈りを聞いてくださったんだねえ。

You know something?

あのね。

# バラの香りをかいで

ゲイ（同性愛者）のジェリーは生まれたばかりのイーサンを引き取り、パートナーのマイロンと育てている。

ジェリーはマンハッタンの私立小学校で教えている。一度、授業を見せてもらった。子どもがとても好きなこと、そして子どもと過ごす時間を楽しんでいることが、私にも伝わってきた。


ある日、レストランでジェリーとランチを食べながら、私が話した。

日本の子どもたちは、五年生くらいになるとだんだん冷《さ》めてきて、子どもらしさを失ってしまうのよ。

私の言葉に、ジェリーは自分が教えている子どものことを考えていたのだろうか。意外そうな顔をし、首をかしげて聞いた。

それはなぜだと思う？

しばらく考えてから、私が言った。

子どもが子どもとして過ごせる時間が、あまりに少ないのではないかしら。子どものときから生活にゆとりがないような気がするわ。塾だ、水泳だ、英語だ、と習い事も多いし。

ジェリーはうなずきながら、聞いていた。

僕の大学時代からの親友で、イーサンの母親代わりのような人がスイスに住んでいるんだ。イーサンがもの心ついた頃、彼女の母親にこう言われたよ。

Let him stop and smell the roses.

立ち止まってバラの香りをかぐような、心のゆとりをもって、人生を楽しませてあげてね。

そのとき、僕はイーサンにギターを習わせて、あれをさせてこれをさせて、最高の教育を与えてやりたい、なんて思っていたから。目からうろこだった。

ついイーサンにいろいろ言いたくなるとき、彼女のあの言葉を思い出すんだよ。

ジェリーがその話を私にしたとき、イーサンはすでに八歳になっていた。

久しぶりに会ったイーサンは、

ミッツィー！

と私の名前を叫びながら駆け寄り、抱きついてきた。

ひと昔前までは日本の子どもたちも、あちこちで道草しながら学校から帰った。道端で石けりをし、かくれんぼをした。草むらにランドセルをほっぽり投げて、タンポポを摘み、虫をつかまえた。靴を脱いで川に入り、水遊びした。商店街の駄菓子屋に立ち寄り、おばさんとおしゃべりした。

立ち止まって、道端のバラの香りをかぐ。

そんな豊かな時が、本当のゆとりが、子どもからどんどん奪われていく。

Let him stop and smell the roses.

立ち止まってバラの香りをかぐような、

心のゆとりをもって、人生を楽しませてあげてね。

# 故郷

おかえりなさい。

アメリカに長年住んでいた私は、成田空港の到着ゲートでこの文字を見ると、胸が熱くなった。

Welcome home.

おかえりなさい。

ニューヨークの空港で入国するとき、審査官がこう言って迎えてくれる。

私はアメリカの永住権を持っているからだ。

高校時代に留学していたウィスコンシン州の小さな町に、数年前に戻った。同窓会に出席するためだ。

まず、隣のミネソタ州に寄り、そこに住むニューヨーク時代の友人のカップルと数日た。間過ごした。彼らが州を越え、二時間かけて、車で私たち夫婦をその町まで送ってくれた。

　ウィスコンシン州に入ると、緑が広がる牧場に納屋《なや》やサイロが点在し、何十頭もの牛が草を食《は》み、寝そべっている。牧草や家畜、肥料の混じった匂いに、あの頃の懐かしい日々がよみがえる。

　ホームステイしていた家には、ダッドが独りで住んでいた。マムは八〇年代に急死した。旅先のニュージャージー州で、夜中に心臓発作を起こしたのだ。

　家のあるフランクリン通りを進むと、ダッドの車の前で数人が立ち話しているのが見えた。懐かしいダッド、友人のマリー・ジョー、彼女の父親のジョージの姿も見えてきた。

　何時に着くか、正確な時間を伝えてあったわけでもないのに、私たちがやってくるのを外で待っていてくれたのだ。

　当時、みんなが友だちの両親をファーストネームで呼んでいたので、私もマリー・ジョーの父親をジョージと呼んでいた。ジョージはアメリカ人にしては小柄で、いつも笑顔で愛想がよかった。

　当時、町の郵便局で働き、夕方から夜にかけて副業でスクールバスを運転していた。スポーツの遠征試合などのために、生徒をほかの町の学校へ乗せていくのだ。遠いところでは、片道二時間かかることもある。

この町で暮らし始めた頃、私は英語がさっぱり理解できず、日本が恋しくて、夜になるとよく泣いていた。家族や友人から届く手紙や小包が、何よりの楽しみだった。

その頃、マリー・ジョーも私も、バレーボールのチームに入っていた。バスに乗り込むと、運転席にすわっているジョージが必ず声をかけてくれた。

ヘーイ、ミッツ！　今日はお母さんから小包が届いているぞ。このくらいの大きさだ。

そう言って、手を広げて見せた。

ヘーイ、ミッツ！　元気か。今日は手紙が届いたぞ。きっとボーイフレンドからだ。

言葉数が多いわけではないが、ホームシックにかかっている私を、なんとか元気づけようとしてくれているのがわかった。

車から降りると、私はまず、ダッドとマリー・ジョーと抱き合った。

ジョージは、私を強く抱きしめて、頬ずりした。そして、私の体を少し離して、じっと目を見つめながら、言った。

Welcome home, Mitz.

おかえり、ミッツ。

よく帰ってきた。ここは君の故郷だからな。

映画館も書店もしゃれたレストランも何もないけれど、そう言って迎えてくれる人たちがいる。

私は故郷に帰ってきた。

Welcome home.

おかえり。

# わが子

日系アメリカ人のカジさんは十五年もの間、子どもに恵まれなかった。

日本人の養子を育てたらどうだ。

友人に言われた。

考えてもみなかった。それができたら、どんなにすばらしいだろう。

そのとき、自分には日本人の血が流れていることを、強く感じた。

白人の妻も、あなたが望むなら、と言ってくれた。


ある日、日本の養護施設で生活している身寄りのない男の子のことを知った。日本に住む宣教師から聞いた。

両親は日本人で、日本で生まれた。父親は誰かわからない。母親がひとりでその子を育てるつもりでいたが、彼を産んで十二日後に亡くなった。

日本にいる親戚は、誰もその子を引き取ろうとせず、施設に預けた。

カジさんはぜひ、その子を自分の息子として育てたいと思った。そして、宣教師を通して、養子として迎える手続を進めた。

うれしくて、わくわくした。が、不安もあった。いい父親になれるのだろうか。

日本人のその子を、スティーブンと名づけた。

四歳になると、自分の外見が育ての母親と違うことに気づき始めた。

生まれたばかりのその子を、生みの母が抱いている写真を見せた。

スティーブンは養子としてカジ家に迎えられたこと、生みの母はスティーブンを心から愛していたことを伝えた。

お母さんは生きていれば、自分の手でお前を育てるつもりでいたんだよ。

スティーブンは黙って、じっと聞いていた。

ふうん。で、ママとパパが、ボクのママとパパなの?

そうだよ。ママとパパが、スティーブンのママとパパだよ。

ふうん。じゃあ、いいよ。

スティーブンはうなずいた。


カジさんにとって、スティーブンはどういう存在なのでしょう。

その問いに、カジさんはしばらく沈黙した。

目にじわりと涙がたまった。

He's everything to me.　He's my son.
あの子は私のすべてです。私の息子なんです。

震える声でそう言うと、唇をかみしめた。

カジさんの妻がリビングルームのキャビネットの引き出しを開け、大切そうに何かを取り出した。その子を引き取ったときに、一緒に預かった。

母親がわが子に着せたいと思って、買っておいたのでしょう。このまま手をつけずに、あの子が大きくなったら持たせてやろうと思います。

それは、日本のベビー服と下着だった。

日本円の値札がついたままで、ビニール袋の封も切られていなかった。

生みの親からわが子への思いを伝えるものは、これしかない。

その品に、自分たちは手をつけてはいけない。

育ての親の、わが子と生みの親への思いである。

He's everything to me.
あの子は私のすべてです。

# 車椅子の人生

ビルの四つ違いの弟は、肝臓移植を待っていたが、間に合わずに亡くなった。その二日後、ビルは病院で検査を受けた。手足にしびれるような痛みを感じたからだ。

翌日、弟の葬儀の朝、医者から電話があった。

すぐに病院に来るように、と言われた。

緊急手術が行なわれた。脊髄《せきずい》のがんだった。その分野で最も権威のある病院で、二度目の手術を受けた。がんはすべて摘出されたが、医療ミスが起きた。首から下が不随になった。

一生、車椅子の生活を強いられることになった。食事も、排泄も、寝返りも、自分ではできなくなった。

絶望感がビルを襲った。妻とふたりの子どもの励ましと笑顔が支えだった。

コンピューターチップを胸に埋め込めば、手が動かせるようになるだろう。医者にそう言われた。

今年、二度の手術を受けた。無事、成功した。右手でものを握れるようになった。五種類の手の動きができるんだよ。

ビルがうれしそうに話した。

フォークやスプーン、ワイングラス、ペンや鉛筆を握る。ひげそり、ヘアブラシ、歯ブラシを握る。缶やコップをつかむ。親指を使ってサンドイッチやピザをつまむ。ピーナッツやブドウなど小さなものをつまむ。

先日、食事に招かれたとき、ビルがフォークを握って、サラダをすくっていた。六年前の事故以来、初めてのことだ。

コーヒーを飲みに出かけたときは、カプチーノを注文し、持参したストローつきのプラスチック容器に入れ替えてもらい、自分で飲んでいた。


毎朝、目覚めると、窓からハドソン川をながめ、自分にこう言うんだ。

Life is good.
人生っていいものだよな。
ああ、今日も、歯を磨ける。
ひげを剃《そ》れる。

髪をとかせる。
フォークでオムレツを食べられる。
そんな小さなひとつひとつが、僕にとってはとても大きなことなんだ。
前は、いろいろなことにわずらわされて、人生がもっと複雑だった。
生きている。
そのことが、ありがたい。
人生は楽しい。
そう、感じているよ。

Life is good.
人生っていいものだよな。

## 代理母の手紙

She would have given the world to carry you herself.
あなたを自分で身ごもるためなら、あなたのお母さんはどんな犠牲をもいとわなかったでしょう。

日本人の不妊夫婦のために、ニーナは代わりに子どもを身ごもった。

代理母のニーナが、自分のおなかにいる日本人の子どもにあてて、手紙を書いた。そのなかで、日本人女性の思いをこう語った。

自分で産んでやれなかった母親の、わが子に対するあふれる愛情、切ない思いが、このひと言に込められている。

拙著『アメリカの家族』（岩波新書）はこの手紙で始まる。

初めてこの手紙を読んだとき、電話で友人に読んで聞かせたとき、そして本の原稿に目を通しながら、私は何度泣いたことか。ちょうど私自身が、夫と血を分けた子どもを持つことができない、と医師に宣告された直後だった。

代理母に出産を依頼する日本人夫婦は、代理出産であることを自分の親や兄弟、親しい友人にも告げない場合が多い。いつか何かの拍子に、生まれてくる子どもに知られることを、恐れているからだ。女性はおなかにさらしなどを巻いて、妊娠しているように見せかける。
赤ちゃんが生まれたあとは、代理母と連絡を取り合うことをためらう人も多い。その子を産んだら、もう二度と会えない。ニーナも覚悟を決めていたのだろう。

Dear Baby
親愛なる赤ちゃんへ

そう始まる手紙のなかで、ニーナはおなかの赤ちゃんに語りかける。

They have waited a very long time for you. You are a very lucky baby.
ご両親はあなたのことを、ずっと待ち続けてきました。本当に幸運な赤ちゃんだこと。
Sometimes the awesome responsibility of caring for something of such great importance for someone else is overwhelming.
こんなに大切なものを、ほかの人のために守っている責任の重さに、ときどき押しつぶされそうになります。

It's my job to deliver you to them happy and healthy, safe and sound. I also cannot imagine how they must feel having to relinquish that responsibility to someone else.

自分の使命は、幸せで健康なあなたを何事もなく無事に、ご両親のもとに送り届けることです。その大きな責務を、ほかの人に委《ゆだ》ねなければならないなんて、ご両親はどんな思いでおられるでしょう。

I want to thank you and your parents for the opportunity to be a part of the miracle that is you.

あなたという奇跡にかかわらせてくれた、あなたとご両親に、お礼を言わせてください。

We will forever be thankful to have known you and participated in the very beginning of your life.

あなたを知り、まだ始まったばかりのあなたの人生をともにすることができた、その感謝の思いを私たちが忘れることはありません。

ニーナの手紙は、そう結ばれていた。
ニーナは無事、この子を出産した。
でも、あなた、と呼びかけている本人に、この手紙が読まれることはないだろう。

She would have given the world to carry you herself.
あなたを自分で身ごもるためなら、
あなたのお母さんはどんな犠牲をもいとわなかったでしょう。

# 最後の会話

キッチンでひとり、夕食の皿洗いをしながら、いつしか私は、もう何年も歌ったことのない「故郷《ふるさと》」を口ずさんでいた。

兎《うさぎ》追いし　かの山
小鮒《こぶな》釣りし　かの川
夢は今も　めぐりて
忘れがたき　故郷《ふるさと》

如何《いか》に在《い》ます　父母《ちちはは》
恙《つつが》なしや　友がき
雨に風に　つけても
思い出《い》ずる　故郷

突然、涙があふれてきた。無性に日本が恋しくなった。

一年間、アメリカの高校で学ぶために、ウィスコンシン州の小さな町へ来て、数か月経《た》った頃だった。

私はいたたまれなくなり、二階の自分の部屋へ駆け上がっていった。窓からぼんやり外をながめていると、ドアをノックする音が聞こえた。

ダッドだった。

私の話に耳をかたむけ、抱きしめながら、言った。

Mitz, I'm never too busy for you.

ミッツ、君のためなら、いつだって時間はあるよ。

ダッドが心臓発作を起こした――。

あれから二十九年たった一月、日本にいた私のもとへ、ホストシスターのディーディーから連絡が入った。

その後、何度かメールが送られてきた。ディーディーはベテラン看護師だけに、容態の変化を細かく伝えてくれた。

心臓も腎臓も呼吸器も弱り、容態がかなり悪いという。手術にはとても耐えられそうもない。

それでも、看護師にジョークを言って笑わせているのよ。

すぐにでもアメリカへ飛んでいきたかったが、どうしても抜けられない仕事があった。病院名を聞いていたので、インターネットで調べて、電話した。ダッドの名前を告げ、日本からかけていると事情を説明した。

本人と話がしたいのですが、病室に電話はありますか。

手元の資料を調べ、海の向こうで相手が答えた。

その方はＩＣＵ（集中治療室）にいます。でも、電話はありますから。回しましょう。

電話が転送された。

ディーディーの姉、スーが電話に出た。懐かしい声だった。

ミッツなの？

スーの声は震えていた。それを聞いた私の声も、震えた。

手術はもうしたくないって、ダッドは言っているの。スー、父さんはもう、疲れたよ、って。でも、手術をしなければ、もたないのよ。

ディーディーと同じようにスーもベテラン看護師だが、かなり動揺していた。スーはＩＣＵで働いているだけに、そこで集中治療を受ける自分の父親を目にするのは辛いだろう。

ダッド、この電話があなたからだって、わかっているのよ。でも、電話に出られるかどうか……。とにかく、やってみるわね。その前に、ちょっと待って。

今度は、ホストブラザーのジョンが電話に出た。

ミッツ。日本なのかい？　わざわざかけてきてくれて、ありがとう。電話を回してみるよ。ただ、ダッドには、ミッツの声はもう、ほとんど聞こえないかもしれないよ。

大丈夫よ。大きな声で怒鳴るから。

大きな声で、そう答えた。

しばらくすると、がたがたと何かが受話器に触れる音がして、弱々しい声が届いた。

Hi....

ハーイ……。

ダッドの声だった。

酸素吸入のシューシューという音が聞こえる。

いつもなら、Hey, Mitz!（ヘーイ、ミッツ！）と大声で弾むように言い、すぐに冗談を飛ばす。

I love you, dad.　Can you hear me?

アイ・ラブ・ユー、ダッド。聞こえる？

声を限りに叫んだ。

Yes, I can hear you.

ああ、聞こえるよ。

I've been thinking about you and praying for you.
ダッドのこと、ずっと思って、祈っているのよ。
I know, Mitz.
ああ、わかっているよ、ミッツ。
苦しいだろうに、ダッドは Mitz と、私の名前を呼んだ。

ダッドは一九四六年、米陸軍に志願して入隊し、占領軍の一員として日本にやってきた。高校時代に一緒に住んでいたとき、ダッドはいつもリビングルームの角に置かれた専用の安楽椅子にすわっていた。

ミッツ、本棚の地図帳を取ってくれ、とよく私に言った。

地図帳は百科事典のように分厚く、重かった。

私が地図帳を持っていくと、日本列島が描かれたページを広げた。そして、ひとつひとつ指さしながら、読み上げた。

ハチノヘ、イシノマキ、ミサワ……。

私は椅子のひじかけに寄りかかり、ダッドの指を目で追った。

日本がとても好きだったから、いつか日本人の留学生を家に迎えたかった。日本はもうすっかり変わっただろう。いつか再び、日本を訪れたい。

口癖のように話していた。

ダッドを日本に招待しよう。今は忙しいけれど、いつか必ず。

そう思いながら、時は流れていった。

元気になったら、日本行きの航空券を送るから、一緒に日本じゅうを旅しようね。八戸に行って、石巻に行って、それから、三沢に行って……。

Who...is...coming...to...Japan?

誰が、日本に、行く、って？

You are. You're coming to Japan.

ダッドよ。ダッドが日本に来るのよ。

昔、行ったことのある土地を、ふたりで一緒に回るのよ。

Mitz...my...travel...time...is...all...over....

ミッツ……、私には、旅をする、時間は、もう、ないんだよ。

のどの奥からしぼり出すように、ゆっくりと、言った。

懸命に深く大きく息を吸い、吐く勢いで all...over... と、ひと言、ひと言、漏《も》れたとき、すべて、終わった、という言葉の意味の哀《かな》しさが、ずしりと私の心に響いた。消え入るような声とともに、ダッドはどこか遠くへ行ってしまうようだった。

No! It's not!

違うわ！ そんなこと、ないわ！

はあはあと、荒くなった息が聞こえてくる。
Dad, I love you!
ダッド、アイ・ラブ・ユー！
私が叫ぶ。
I...love...you, too..., hon.
アイ……ラブ……ユー……、ハン。
ダッドが答える。hon は honey——愛しい人よ、ということだ。
それが、ダッドと私の最後の会話だった。
翌日、家族と牧師に見守られるなか、静かに息を引き取ったという。
Dad, I'm never too busy for you.
ダッドのためなら、いつだって時間はあるわ。
もっと早く、言いたかった。

I'm never too busy for you.
君のためなら、いつだって時間はあるよ。

# アメリカの家族からの手紙

January 25th, 2007

Dear Mitz,

We filled the room with large picture boards, family pictures, the memory board you made for mom and dad and the US flags and veterans' flags were by the casket.

The next morning on Monday was the burial, 10:00 am. It was cloudy and about 20 degrees and all the pine trees at the cemetery were covered with snow. The VFW military rites were performed at the graveside with the color guard and the firing of the 21-gun salute. We picked up the spent shells from the gun that were on the ground.

I feel like a huge part of my life is over and it makes me so very sad. I just try to picture mom and dad in heaven with their arms wrapped around each other.

Please know that dad definitely knew you loved him as he loved you. He wrote his obituary and you can see he considered you a very special addition to his family.

Take care of yourself, be happy for all you have had in your life and remember that love never dies.

Your big sister,
Susie

二〇〇七年一月二五日
親愛なるミッツへ

ダッドの葬儀のとき、家族の写真をたくさん飾りました。私たち家族との思い出の写真をコラージュしてあなたがマムとダッドのために作った壁かけも、一緒に飾ったのよ。棺のわきには、星条旗と退役軍人の旗が掲げられました。

翌朝の月曜日午前十時、棺が埋葬されました。曇り空で、華氏二〇（摂氏マイナス六・七）度の寒い日でした。墓地の松の木々は、どれも雪で覆われていました。退役軍人のための儀式が行なわれ、星条旗やライフルを掲げたカラーガード（軍旗衛兵）も参加し、二一の礼砲が鳴り響きました。地面に落ちた薬莢《やっきょう》を、みんなで拾いました。

私の人生の大きな部分を占めていたものが終わってしまったような、なんとも言えないさびしさを感じています。でも、マムとダッドは肩を寄せ合い、天国にいるのだから。そう自分に言い聞かせているのよ。

どうか、忘れないで。ダッドはよくわかっていましたよ。彼があなたを愛していたように、あなたがダッドを愛してくれたことを。新聞に掲載された死亡記事の略歴は、ダッドが自分で書いたものです。あなたが特別な存在として、家族に加わってくれた。そう思っていたことが、わかるでしょう。

体にはじゅうぶん、気をつけて。あなたの人生に与えられたものすべてに、幸せを感じてね。そして、愛は決して死なないことを、覚えておいて。

あなたの姉
スージーより

January 26th, 2007

Dear Mitz,

I must tell you that dad held a very special place in his heart for you.

I'm sure you know this already, but I wanted to tell you once again.

When you came to Mondovi...wow, that was a long time ago!  You may remember that you were quite homesick. You would sit in dad's lap and sometimes cry softly, missing your mom and grandma and siblings. Well, that's the way I remember you in the beginning.

What a beautiful spark you provided to mom and dad, one that they would never forget. Thanks for being a part of our lives and making it special for all of us.

Dad went silently and peacefully, into what he described to Sue and me as "a gentle peacefulness".

All my brotherly love to you, Mitz. Best wishes to your family and God's blessings to you your whole life long.

Jon

二〇〇七年一月二六日

親愛なるミッツへ

君に伝えたいことがある。ダッドにとって、君はとても特別な存在だった。わかっているとは思うけれど、それをもう一度、どうしても君に伝えたかったんだ。

君が初めてモンドビの町に来たとき……ああ、もうずっと昔のことだね。ひどいホームシックにかかったことを、君は覚えているかもしれないね。ダッドのひざの上にすわって、そっと泣いていたこともあったね。お母さんやおばあちゃん、弟たちが恋しくて。最初の頃の君を、僕はそんなふうに覚えているよ。

なんと美しい輝きを、君はマムとダッドに与えてくれたことか。ふたりともそれを決して忘れないだろう。君は僕たちと人生をわかち合い、僕らすべてにとってそれを特別なものにしてくれた。ありがとう。

ダッドは逝った。静かに、そして安らかに。穏やかな安らかさに満ちたところへ。ダッドがスーと僕に、そう話してくれたように。

兄としてのすべての愛を、ミッツ、君へ。家族の皆様によろしく。これからの君の人生にずっと、神のご加護がありますように。

ジョンより

Thanks for being a part of our lives.
僕たちと人生をわかち合ってくれて、ありがとう。

# 嵐を呼ぶ女

台風で、成田発ニューヨーク行きのフライトがキャンセルされた。何度も日米を往復しているが、自分のフライトがキャンセルされたのは初めてだった。

ニューヨークに着くと、翌朝は激しい雨だった。その日の午後、友人のジェリーに会う予定だった。

東京は台風で、フライトがキャンセルされたと話すと、ジェリーにからかわれた。

君は行くところ行くところ、嵐を呼ぶんだね。

四週間後、ジェリーがロングアイランド沖のファイアアイランドにあるビーチハウスに招待してくれた。マンハッタンから列車とフェリーで、二時間ほどだ。

ビーチハウスは大西洋に面している。その日は朝から晴天だった。湿度も低く、最高の海水浴日和だった。海を目の前に見ながら、まずはプールでひと泳ぎした。プールサイドでランチを楽しむと、犬をお供に浜辺を歩き、ビーチタオルを広げて寝転んだ。

Thank you for bringing the beautiful weather with you.
すばらしい天気をもたらしてくれて、ありがとう。

ジェリーが今度は、そう言った。

やはり、ほめられたほうが、ずっとうれしいではないか。日本語だったら、君の行ないがよかったから、すばらしい天気になったね、とでも言うところだ。

いえいえ。どういたしまして。

ジェリーの言葉に気をよくしたとたん、みるみるうちに雲行きがあやしくなっていく。

あららら、と慌てふためいているうちに、どしゃぶりになり、荷物をまとめてビーチハウスに駆け込んだ。


大きな窓に広がる空一面に、稲妻が光る。

私は指をくわえて、荒れた灰色の海をながめている。

Thank you for bringing the beautiful weather with you.
すばらしい天気をもたらしてくれて、ありがとう。

# 注文の多い客

友人夫婦と私たち夫婦の四人で、トライベッカのレストランで食事をした。夫のモンティのほうがかなり年下で人がよく、妻のマリーパットに気をつかっているように見える。主導権を握っているのは妻のほうだ。

夏は夜風が心地よいので、外のテーブルを予約した。予約どおりに案内されたが、店の前のコンクリートの地面が斜めになっているので、それに合わせてテーブルも傾いている。道路に向かってすわったマリーパットは前につんのめりそうで、私の夫は後ろに反り返っている。道路を左手に横向きにすわったモンティはテーブルと平行に体が左下がりに、モンティと対面した私は、右下がりになっている。

私が何かで見つけ、行ってみたいと予約を入れたレストランだったので、肩身が狭くなる。モンティはそれを察したのか察していないのか、テーブルに合わせて自分の上半身をさらに傾けておどけて見せる。

何かの煙のせいで、のどがイガイガするわ。

何事にも敏感なマリーパットが、突然、騒ぎ出した。私たち三人は、何も感じない。

彼女はひとり、テーブルにすわっても落ち着かない様子だ。

いやだわ。どこから煙が出ているのかしら。

彼女は立ち上がり、そわそわと辺りを見回す。

店の中のテーブルに移動するわよ。

マリーパットが決断を下す。

煙が店の中から来ているかもしれないから、確認してきたら？

私のその言葉に、行ってくるわ、と答えて、店の中に消えていった。

五分ほどすると、マリーパットが戻ってきた。原因を突き止めてきたようだ。

店で焼いているピザの釜の煙だったわ。不思議と店の中では臭《にお》わないのよ。でも、釜があるから、中はものすごい暑さよ。外でいいわ。

マリーパットはすわるやいなや、今度はまた、傾きが気になるらしく、テーブルを両手でがたがたと揺すり始めた。そして、隣のテーブルの足元に目を落としたかと思うと、再び立ち上がり、隣に向かった。

デザートを食べているふたりの青年の間に顔を突っ込み、何か聞いている。

しばらくすると、戻ってきた。

あの人たち、もうすぐ食べ終わるらしいわ。今、確認してきたの。そうしたら、隣のテーブルに移動しましょう。

青年ふたりがナプキンをテーブルの上に置いて立ち上がると、そこにすわろうとした若い女性客を追い払って、マリーパットは無事、テーブルを確保した。

ウエーターは面倒くさそうに、テーブルをセットし直した。

移動したテーブルの下は、斜めになっていなかった。私たちは四人ともまっすぐにすわれて、それまで当たり前だと思っていたことに感謝した。


注文をなかなか決めないので、ウエーターが三度来た。メニューには私たちの誰にも理解できないイタリア語が出てくるし、言葉は理解できてもマリーパットにはあれこれ疑問がわいてくるらしい。彼女がウエーターを質問攻めにする。

さてさて、いったい今度は、どんな質問だよ。

ウエーターが彼女に聞こえないように、ぶつぶつつぶやく。

主菜のサーモンは、前菜のサラダに混ぜて食べたいから一緒に持ってきて。コーラに氷は入れないで。それと、デザートのアップルタルトは温かい？

彼女の注文と質問は延々と続き、最後にデザートは彼女だけが頼んだのだが、アップルタルトには特別にバニラアイスを添えてもらえないかしら、と聞いている。

私があっけにとられていると、ウエーターが答えた。

For you, I'll do it.
あなたのためなら、やりましょう。

モンティがウエーターの言葉を繰り返し、しみじみと言う。

For you, I'll do it.

あなたのためなら、やりましょう。

その言葉、これまでに何度、聞いたかな。マリーパットが本当にいい人だから、彼女のためなら、何でもやりましょう、ってみんなが言うんだよなあ。

人のよいモンティは、ひたすら感心している。

当たり前でしょ。私がウエーターにていねいに頼んでいるからよ。

ああ、なんて美味しいのかしら。

マリーパットはひとり、すまし顔でアイスクリームをなめている。

For you, I'll do it.
あなたのためなら、やりましょう。

# 間違った勘定書

このトライベッカのレストランで、支払いを済ませようとしたときだ。私たち夫婦の分とは別に渡された勘定書を手に、モンティがひとり頭を抱えている。

おかしいなあ。そっちはいくらになっている？　これ、安すぎるんじゃないかなあ。

かなりたってから、モンティがつぶやく。

よく見てみると、マリーパットが頼んだ主菜は二八ドルのはずなのに、〇《ゼロ》と書かれている。

マリーパットのことが、よっぽど気に入ったんだなあ。

どこまでも人のよいモンティは、すっかり感心している。

テーブルにマリーパットの姿はない。買ったばかりの私の一眼レフカメラを持って道端に出て、あれこれ写真を撮るのに夢中だ。

はあ、どうしよう……。

モンティの悩みは深い。

カメラをこちらに向けて構えたまま、マリーパットが口をはさむ。

こういう場合、選択肢は二つ。その一、正直に話して、きちんと支払う。その二、何も言わずに、チップをはずむ。

さすがはマリーパットだ。写真を撮るのに夢中になっているように見えて、状況をきちんと把握しているらしい。

モンティはニューヨーク市警の職員だ。

さて、どうするか。私は興味津々で、黙って成り行きを見守る。

モンティはしばらく考え込んでいたが、勘定書を取りにやってきたウエーターに正直に伝えた。

ウエーターは勘定書を手に取り、おっしゃるとおりです、と答えた。

Thank you for being so honest, sir.

それは、それは、正直に言ってくださり、ありがとうございます。

クレジットカードを取り出すモンティの肩をたたきながら、私が冗談まじりに言う。

モンティ、これであなたの天国行きは、間違いありません。

ウエーターは深くうなずいて、言った。

Amen.
そのとおりです（アーメン）。
こういう行ないは、二倍になってあなたへ返ってきます。

Amen.
そのとおりです（アーメン）。

# ソーホーで待ちくたびれて

その日もマリーパットは一日じゅう、立ち止まっては写真を何十枚も撮り続け、道ゆく人に何度も話しかけ、その間、夫のモンティはじっと待っていた。

この人、ホントに辛抱強いの。ね、モンティ？

マリーパットは夫の肩に手を回す。


マリーパットにつき合い、アップルコンピューターのショールームに立ち寄った。マリーパットはさっそく、店の人をつかまえ、例のごとく質問攻めにしている。興味もなさそうに店の中をふらふらと歩き回っているモンティが気の毒になった。

店内には、新製品のアイフォンが並んでいた。

ねぇ、モンティ。これ、アイフォンでしょ。マリーパットの携帯に電話してみたら？

でも、これ、そんなことに使っていいのかな。

大丈夫よ。

そうだよね。それはいい。マリーパットを驚かそう。

モンティがすっかり、その気になった。

マリーパットに背を向けて、隠れるように彼女の携帯電話の番号を打ち込んでいる。

モンティとふたりで耳をそばだてていると、マリーパットの携帯が鳴り出した。ところが、彼女は気づかないのか、店の人と話し込んでいる。

仕方がない。

マリーパット、携帯が鳴っているみたいだけど、と私がわざわざ教えに行く。

マリーパットは、鳴り続けているバッグの中の携帯電話を取り出そうともせずに、モンティに鋭い目を向ける。

モンティ、私、忙しいのよ。

モンティは叱られた小さな子どものように、口をへの字に曲げる。

私はモンティと顔を見合わせ、肩をすくめる。


私の作戦も失敗に終わり、モンティはまた、手持ちぶさただ。

モンティ、日本にいる私の夫にEメールを送ってあげてよ。私のヤフーのメールアドレスから送ればいいわ。ここからアクセスできるから。きっと喜ぶわ。

モンティが夫にメールを送ったことは、それまで一度もない。

突然、送ったりして、びっくりしないかな。

大丈夫よ。でも、大学で英作文の指導もしている教授だから、英文に成績をつけて返してくるかもよ、
とからかってみる。
それは困ったな、
と言いながらも、結構、乗り気のようだ。
何を書けばいいかな。
今日一日のできごとを書けば？
そうか。えっと……。

Mitsuyo, Maripat & I went to a Richie Havens concert and took a tour of Governors Island today. The weather was beautiful. We had a splendid time.
今日、ミツヨとマリーパットと僕は、リッチー・ヘイヴンスのコンサートに行って、ガバナーズ島のツアーに参加しました。天気は最高でした。すばらしい時間を過ごしました。

モンティは一語ずつ声に出しながら、ゆっくりタイプする。
そこへ、マリーパットが登場する。どうやら、質問攻めは終わったらしい。
ちょっとモンティ、もう行くわよ。何をのろのろやってんのよ。あとは、リトルイタ

リーに行って、ヴィンセンツで食事しました、でいいでしょ。本当にやることが遅いんだから。貸して、貸して、私が代わりに書くから。

We just had dinner at Vincent's in Little Italy...

今、リトルイタリーのヴィンセンツで夕食をとったところです。

そう打ち込むと、横でわめくマリーパットを無視して、モンティは悩んでいる。

Vincent's って書いたら、ヴィンセントっていう人の家で食事したように聞こえるよな……。

ほら、貸してよ。私はモンティより考えるのも速いし、書くのも速いんだから。

どう書けば、いいのかな……。ただ、restaurant にしたほうがいいかな。

モンティの悩みは、延々と続く。

...and now we are at the Apple Store in Soho. We commandeered this computer to send you an email. Hope you are well. Look forward to seeing you.

……で、今はソーホーのアップル・ストアにいます。そこのコンピューターを勝手に使って、君にメールを送っています。元気にしていますか。会えるのを、楽しみにしています。


モンティ、いいかげんにしてよ。もう行くわよ！

待てよ。まだ、Bye. って書いてないんだから。

Good for you, Monte!
いいぞ、いいぞ、モンティ！

よしよし。今度こそ、モンティがマリーパットを待たせる番だ。

いらいらしているマリーパットを横目に、私は思わず心の中で声援を送る。


Bye. と打つと、モンティはメールを送信しようとしたので、私が止める。

最後に Monte（モンティより）って書かないと、誰から届いたかわからないわよ。

あ、そうか。

真面目な顔で、Monte とていねいにキーを打った。

これでいいよね、と私に確認し、私がうなずくのを待って、「送信」をクリックした。

店にマリーパットの姿は、もはやない。待ち切れずに、とっくに外へ出ていった。

「送信が完了しました」という文字を確認すると、モンティと私はコンピューターを離れ、ゆったりとドアに向かって歩き出した。

Good for you, Monte!
いいぞ、いいぞ、モンティ！

# 第四章　ニューヨークの風景

## ヤンキー・スタジアムの窓口で

せっかくヤンキースの試合のチケットが二枚、手に入ったのに、一枚を家に置き忘れてきた。正確に言うと、チケットと間違えて、レシートを持ってきた。クレジットカードで支払ったときに受け取ったレシートが、チケットにとてもよく似ていたのだ。チケットなしでは、入れてもらえないかもしれない。ヤンキー・スタジアムの外に係員がいたので、泣きそうになりながら、訴えた。

この試合を観るために、日本からやってきたんです。

やむを得ず、うそをついた。うそなどつかなくても、場外の顧客サービスの窓口でチケットを再発行してもらえることがわかった。

窓口には長い列ができていた。試合開始時間になると、アメリカ国歌斉唱と大きな歓声が、スタジアムから聞こえてきた。

チケットを忘れてきた自分たちが悪いのだが、なんだか疎外されているような気分になってくる。ここまで来ていながら、中に入ることができず、悔しくて涙が出た。

何が起きているか、想像するしかない。歓声やブーイングが聞こえてくるたびに、どちらかに点が入ったのだろうか、と気が気でない。

試合が始まって三十分たっても、窓口に長い列ができたままだった。私たちの前にも、まだ五、六人いる。チケットを持ってくるのを忘れた、スタジアムの入場口の機械がチケットを認識しない、といった理由で中に入れない人たちが、辛抱強く並んでいる。システムが故障したようで、延々と待たされていた。

後ろからつかつかと白人の青年がやってきて、責任者を出せ、と窓口の女性にかけ合った。

ちゃんと試合に間に合うように来ているのに、そっちのシステムのせいで試合を見られないなんて、そんなばかなことがありますか。それに、こんなにたくさんコンピューターがあるのに、ここでしか処理できないなんて。なぜ、そんなに能率が悪いんですか。

青年がほかの窓口のコンピューターを指さして言った。ていねいな話し方だが、声が震えている。怒りを抑えているのがよくわかる。

すると列に並んでいた、赤の他人の若い女の人が言った。

Welcome to New York!

ニューヨークへようこそ！

しょうがないじゃない。ここはニューヨークなんだから。ニューヨークは理不尽なことだらけなのよ、ということだ。

今度はイタリア系アメリカ人らしき男の人ふたりが、窓口の前に立ちはだかり、大声で話している。どちらも、ヤンキースのユニフォームのシャツを着ていた。チケットを家に置いてきてしまったという。

チケット再発行の手数料として、五ドルいただきます。

窓口の女性が言った。

はあ、五ドル？　去年はタダだったじゃないか。

客は息巻く。

この人は、去年もチケットを忘れてきたのだろうか。

規則ですから。

窓口の女性は一歩も引かない。

前に手数料を取らなかったとしたら、それはこちらの厚意でそうしたまでです。

窓口の女性がぴしゃりと言う。

お前たち、ぼろもうけしてるんだろ！　こっちはチケットを買って、十四ドルも駐車料金を払ってるんだぞ。そのうえ、チケットを印刷するだけで、一枚につき五ドルも取るのかよ！

そんなの、彼女のせいじゃないわよ。かわいそうに！

列に並んでいた、さっきとは別の若い女の人が、口をはさむ。
女性に言われて立場がなくなったのか、男の人はジーンズのポケットからしぶしぶ財布を取り出し、くれてやると言わんばかりに、窓口の向こうに乱暴に五ドルを投げつけた。

Welcome to New York!
ニューヨークへようこそ！

ヤンキースより何より、これこそニューヨークそのものかもしれない。

Welcome to New York!
ニューヨークへようこそ！

# 駅のバイオリン弾き

日本人の知り合いは、夫の駐在でニューヨークにやってきた。渡米して半年もたたないうちに、離婚話を持ち出された。子どもたちふたりは、まだ中高生だった。右も左もわからない、言葉も通じない異国で、どうやって生きていけばよいのか。

それまでずっと、夫に言われたとおりに生きてきた。自分の意見があっても、なかなか言葉にできなかった。夫は強く独断的で、暴言を吐いた。

土日もほとんど家にいなかった。女性の影に何度もおびえた。不安で問いただしても、誠意をもって応えてくれなかった。冗談交じりとはいえ、お前と結婚したのは、身の回りの世話をするやつが必要だっただけだ、と言われた。

ニューヨークでは周りの人たちが、奥さん、お母さんでなく、ひとりの人として接してくれた。たとえ間違っていても、自分を表現していいのだ、と知った。

それまでずっと専業主婦だったから、経済的には大きな不安を抱えていた。

夫とはもうわかり合えない。

それがはっきりわかったとき、別れを決意した。自分で責任が取れる人生を、歩みたくなった。

離婚成立まで何年も、ひとりでリビングルームのソファに寝た。ニューヨークの日本人コミュニティは狭い。

離婚のことは日本人に絶対に言うな、と夫に口止めされていた。

誰にも相談できなかった。

弁護士事務所に離婚の相談に行く途中、グランド・セントラル駅の構内でバイオリンの音色に思わず足を止めた。心に深く染み入る、温かみのある音色だった。

立ち去るのが惜しかった。

ありがとう、という気持ちを伝えたい。

そう感じた瞬間、何のためらいもなく、バイオリン弾きに歩み寄り、彼を抱きしめていた。そんな自分に驚いた。

その足で地下鉄に乗った。ふたりの女性の手を引き、かばうようにドアへ向かう男の人の姿を目にした。ひとりは目が不自由な高齢の女性で、もうひとりは男性と同じくらいの年齢だった。ふたりともうつむき加減に歩いていた。母親と妻だろうか。

降りるとき、その男の人が自分に向かって黙って会釈した。

そういえばさっき、バイオリンの音色に耳をかたむけていた群集のなかに、三人の姿があったことを思い出す。バイオリン弾きに近づいて抱きしめた自分を、覚えていたのだろう。
この人にも人生がある。
彼には、人の心の痛みがわかるような気がした。

I care for you.
あなたのことを、大切に思っていますよ。
心配していますよ。
慈しんでいますよ。
愛していますよ。

あれから十五年。
心からそう言い合える相手と巡り会った。
この夏、夫婦になった。
結婚はいくつになっても、うれしいものですね——。
先日、五八歳の彼女からメールが届いた。

I care for you.
あなたのことを、大切に思っていますよ。

# バスの中の会話

ニューヨークの市バスで、三歳くらいのヒスパニックの男の子が、母親らしき女の人のひざにすわっていた。一席あけた隣に、五十代ほどの白人の女の人がすわっていた。男の子が身を乗り出し、腕をぐいと伸ばしたかと思うと、その人の肩を軽くたたいた。母親らしき女の人が子どもに何か声をかけたが、男の子はもう一度、その人の肩を軽くたたいた。

白人の女の人が男の子のほうを向き、しかめっ面で言った。

よくも私をたたいたわね。

その子はちょっと驚いた様子で、その人を見つめた。

あんた、私をたたいているのよ。ただじゃ、済まされないわよ。わかってるわよね？

女の人はにこりともせず、怒った顔でその子を見つめ続けている。

気分を害しているようだ。子どもはふざけているだけなのに、そんなに恐い顔をしなくてもいいではないか。

男の子も、女性の思わぬ反応に驚いたのか、ぽかんと口を開けて、その人を見つめ返している。

次の瞬間、女の人が右の手のひらをその子に向けて上げながら、言った。

Give me five!

私の手をタッチして！

五本指をちょうだい、というのは、手を上げた位置でタッチして、ということだ。お互いに手を上げて、手のひらをパチンと打ち合う。野球でホームランを打ったときなどに選手がよくする、喜びを表すしぐさ、ハイタッチだ。

Give me a high five!

とも言う。

男の子はさっきのように身を乗り出して、その人のほうに向けて右手を上げた。小さな手のひらと大きな手のひらが、パチンと音を立ててぶつかった。

Yay!
やったね！

男の子が初めて、ほほ笑んだ。
白人の女の人も初めて、ほほ笑んだ。

Now we're friends.
これで、私たちはお友だちね。

女の人が男の子に言った。
男の子が、コクンとうなずく。
そう？
その人が聞く。
男の子がまた、コクンとうなずく。
見ていた私も、コクンとうなずく。

Give me five!
私の手をタッチして！

## サインしてください

ニューヨーク・ヤンキース対デトロイト・タイガースの試合のあとで、専用のバスに乗り込む選手たちの姿をひと目見よう、写真に収めようと、大勢のファンがスタジアムの選手用出入り口近くでひしめき合っていた。

こっちに来てぇ！

お目当ての選手が現われると、黄色い声が飛ぶ。

選手がこちらに向かって手を振ったりしようものなら、大変な騒ぎだ。

They're crazy about the Yankees.

みんな、ヤンキースに夢中だ。

ヒスパニックのカップルは、男性のほうがデジカメを構えて写真を撮っている。選手が現われても、後ろから押されるわ、人の頭で視界が遮られるわで、選手の顔をまともに撮るなどというのは、至難の業《わざ》だ。なかなかタイミングよくシャッターが押せない。

ちゃんと撮れたの？　見せて。はあ？　何よ、これ。何が何だか、わかんないじゃない。ちょっと、カメラ、私に貸しなさいよ。

女の人がカメラを取り上げ、自分で撮り始める。

どれ、見せてもらおうじゃないか。

今度は男の人が、デジカメの画面をチェックする。

何だよ、これ。何、撮ってんだよ、いったい。俺が撮ったのと、どこが違うってんだよ、あ？

スタジアムでは試合が始まる前から、ニューヨーク市の警官があちこちで警備に当たっていた。

選手と私たちファンを隔てる柵の向こうにも、警官が立っている。暴動が起こるわけでもなし、いたってのん気そうにぶらぶらしている。

五十代くらいだろうか、白人の警官がおなかを突き出しながら、私たちのほうへ向かって歩いてくる。

お～い。君たち。このなかで、サインがほしい人はいるかな。

イエー！　もちろんだよ！

興奮したファンたちは、一斉に歓喜の声を上げる。

OK.
オーケー。

警官は制服の胸ポケットから、おもむろにペンを取り出す。

So, where do you want me to sign?
で、君たち、どこに僕のサインがほしいのかな。

They're crazy about the Yankees.
みんな、ヤンキースに夢中だ。

# 小さなカメラマン

日曜日の午後、ハーレムを散策していた。あるブラウンストーンの建物の前で、ふと足を止めた。胸に右手で赤ちゃんを抱き、左手を大きく広げてほほ笑んでいる女性の像を見かけたからだ。

二十年ほど前に、ここ「ヘイルハウス」を訪ねたことを思い出した。


クララ・ヘイルは三三歳のとき、夫に先立たれた。女手ひとつで子どもたちを育て、生計を立てるために、自宅で一緒に近所の子どもたちの面倒を見た。

その後、里親としての資格を取り、さらに多くの子どもたちの世話をした。

六四歳になり、そろそろ引退しようと考えていた一九六九年のある日、ヘイル夫人の娘、ロレインが、新生児を抱いて途方に暮れていた母親を見かけた。子どもを抱く腕に、力はなかった。赤ちゃんの具合が悪そうだった。

ロレインが母親に声をかけた。

なぜ、こんなところにいるのですか。

母親は顔を上げて、答えた。

行くところがないんです。

ロレインは、ヘイル夫人の住所をその母親に教えた。

赤ちゃんの面倒を見ることができないなら、ここに連れていらっしゃい。母なら、世話をしてくれますよ。

翌日、ヘイル夫人の家のベルが鳴った。ドアの向こうには、その母親が赤ちゃんを抱いて立っていた。母親は麻薬依存症であると、ヘイル夫人はすぐに気づいた。

これが、ヘイルハウスの始まりだった。

親がアルコールや麻薬依存のために、あるいは刑に服しているために、面倒を見ることができない子どもたちを引き取った。

数年後、地元の議員らの助けを借りて、ハーレムのブラウンストーンを手に入れた。八〇年代には、エイズが蔓延した。ヘイルハウスでは、親をエイズで亡くした子やエイズウィルスに感染した子も受け入れた。

ヘイル夫人はマザー・ヘイル（Mother Hale）と呼ばれ、その功績は広く知られるようになった。九二年暮れに八七歳で亡くなるまで、母親に代わって、行き場のない子どもたちに愛情を注ぎ続けた。

私が訪れたとき、新生児から三歳まで、十五人の子どもを預かっていた。

ソーシャルワーカーが言った。

ヘイルハウスでは、ベルが鳴って出ていくと、入口に赤ちゃんが置き去りにされていることがあります。ここでは子どもの面倒を見てくれると知って、母親が置いていくのです。でも、たいてい、すぐあとに電話をかけてきて、あの子は私の子です、よろしくお願いします、と言うんですよ。

母親がクラック（コカインから精製した高純度の麻薬）依存症の場合、その影響を受けた子どもは、金切り声で叫んだり、頭を壁にぶつけて暴れたりする。

それでも、ここでは鎮静剤は一切、飲ませません。与えるのは、ＴＬＣだけです。

Tender Loving Care（TLC）.
やさしい世話、心遣い。

温かく抱き、I love you. と語りかけ、愛情を注ぐ。すると、子どもは次第に落ち着いてくるという。
マザー・ヘイルの有名な言葉がある。
If you can't hold children in your arms, please hold them in your heart.
子どもをあなたの腕に抱くことができないなら、どうかあなたの心に抱いてあげてください。

私たちが訪ねたとき、二歳くらいの黒人の男の子がいた。

同行した日本人の新聞記者が持っていた一眼レフのカメラに気がつくと、クリクリした大きなひとみが輝いた。

カメラに小さな手を伸ばした。記者がカメラを持たせた。

興味深そうにあちこちいじくり回し、レンズをのぞき込んだ。そして、フラッシュの付いた大きな一眼レフを重たそうに両手で抱えて、私に向け、写真を撮るまねをした。

その子は、ひと言も口をきかなかった。麻薬依存症の母親から生まれた子には、よく言語障害があるのだという。

カメラに夢中になっているその子に、私が声をかけた。

ねえ。ぼくが手に持っているのは、なあに？

その子は顔を上げて、私を見てほほ笑んだ。そして、そばにいた記者にもスタッフにも私にも、はっきりと聞き取れる声で答えたのだ。

Cam•er•a.

カ、メ、ラ。

うれしそうにカメラをいじる男の子の後ろで、双子の赤ちゃんが並んで、小さな寝息を立てて眠っていた。

その子が一眼レフを両手で持ち、自分をひざに抱く記者を見つめている瞬間を、私はカメラに収めた。記者も包み込むような温かい目で、見つめ返している。この写真を、私は今も大切に取ってある。

父親はどこにいるかわからず、母親はこの子を引き取りたくないと言っていた。三歳になったら、ヘイルハウスを出ていかなければならない、と聞いていた。

養子として引き取ってくれる人が現れ、大切に育てられただろうか。

あの子は、もう二十歳くらいの青年になっているだろう。

大きな手に軽々と一眼レフを構え、ひとみを輝かせて写真を撮っている黒人青年を見かけると、ふとあの一枚の写真が頭をよぎる。

If you can't hold children in your arms,
please hold them in your heart.
子どもをあなたの腕に抱くことができないなら、
どうかあなたの心に抱いてあげてください。

## Sheと呼ぶ自由の女神

ガバナーズ島へ向かうフェリーの甲板で、海をながめていた。夏の間だけ、この島を訪れることができる。マンハッタンから無料のフェリーで、五分ほどだ。

マンハッタン島の南の沖に浮かぶこの小島は、一六三七年、アメリカン・インディアンからオランダ人によって買い取られた。オランダ人はここから植民地に上陸したという。ニューヨークがオランダ領からイギリス領になると、ガバナーズ島（英国植民地の総督の島）と改名された。

独立戦争以降は、砦や基地として重要な役割を果たしてきた。地下鉄レキシントン街線を開設するために掘り起こされた土砂を使って、島の南側が大幅に埋め立てられた。

二〇〇三年、ニューヨーク州が国から島を一ドルで譲り受け、人々が教育や遊びの場として使えるように、開発が進められている。

私の隣には、家族連れが乗っていた。

See, she's standing over there.
ほら、彼女はあそこに立っているわよ。

たいまつを掲げた自由の女神を指さし、母親が娘に教える。

娘は母親の指の向こうに目をやり、黙ってうなずく。


自由の女神は、小さなリバティ島に立っている。アメリカの誕生百年を記念し、友情の印としてフランスから人々の募金で贈られた。

たいまつを右手に空高く掲げ、左手にはアメリカの独立記念日「一七七六年七月四日」がローマ数字で刻まれた銘板を持っている。たいまつは啓発、銘板は知識を意味し、壊れた足かせを踏んでいるのは、抑圧や専制からの解放を表すといわれる。

アメリカ人が自由の女神を she（彼女）と呼ぶのを耳にするたびに、それはたんなるこの街のシンボルではないのだと、改めて気づかされる。

自由の女神を写真に収めようとカメラを向けると、母親が娘に、私の邪魔にならないように少し後ろに下がって、と手で合図する。

ニューヨーク市郊外のロングアイランドに住む一家で、ガバナーズ島を訪ねるのは初めてだという。

母親はあまり積極的に話す人ではないらしく、私が質問すると、それにひと言答えるだけだった。

そんな彼女が、しばらくすると自ら語り始めた。

でも、私、エリス島には行ったことがあるんですよ。私の祖父はアイルランドから船でやってきて、あの島に上陸しました。あの島からこの国に渡ってきたんですよ。

アイルランドのどの町から？

コールというところです。

アイルランドには行かれたんですか。

ええ、一度だけ。祖父の故郷を訪ねに行きました。祖父が乗ってきた船の乗客名簿も手に入れました。所持金はほとんどなかったと聞いています。命がけでやってきたのでしょう。でもそれ以外のことは、何もわかりません。


十九世紀中頃、アイルランドで起きたジャガイモ飢饉で、百万〜二百万人以上の難民がアメリカやカナダ、イギリスなどへ逃れたといわれる。その後もアイルランドからの移民はあとを絶たなかった。移民たちは病気や所持金の不足などを理由に、入国を拒否される恐怖におびえながら、エリス島で入国審査を受けた。

自由の女神はあの同じ場所に立ち、不安と希望に満ちた数限りない移民を新大陸に迎え入れてきた。大西洋の荒波を乗り越え、この地にたどり着いた彼女の祖父は、どんな思いで女神を船から見上げたのだろうか。

自由の女神の台座内部には、米詩人、エマ・ラザラスの十四行詩が刻まれている。これはその一部だ。

Give me your tired, your poor,
Your huddled masses yearning to breathe free,
The wretched refuse of your teeming shore;
Send these, the homeless, tempest-tost to me,
I lift my lamp beside the golden door!

我にゆだねよ　汝の疲れたる　貧しい人びとを
自由の空気を吸わんものと　身をすり寄せ
汝の岸辺に押し寄せる　うちひしがれた群集を
かかる家なく　嵐に弄ばれた人びとを　我がもとへ送りとどけよ
我は　黄金の扉のかたわらに　灯火をかかげん

（田原正三氏訳）

She means a lot to me.

彼女（自由の女神）は私にとって、とても大切な存在なんです。
女の人はそう言っているような気がした。
私には計り知れない思いで、娘と一緒に自由の女神を見つめているのだろう。

She means a lot to me.
彼女(自由の女神)は私にとって、とても大切な存在なんです。

# ドライバーの怒鳴り合い

大きな真っ赤なリボンでビル全体がギフトのように包まれたカルティエの店。三万個のライトが夜空にきらめくロックフェラーセンターの巨大なクリスマスツリー。五番街の真上に輝く大きな白い星、メルヘンチックな人形たちが数々のクリスマス物語を紡ぐデパートのショーウィンドー。

ロックフェラーセンター前の五番街では、軍服のような厚手のコートを着たキリスト教の救世軍の人々が、ベルを鳴らして寄付金を募っている。

ニューヨークの街はショッピング・バッグを抱えた人たちであふれている。十一月第四木曜日の感謝祭（Thanksgiving）が終わると、クリスマスやハヌカ（Hanukkah）のプレゼントを買いに一斉に街に繰り出す。一年間の思いを込めて、愛する家族や友人に贈る。

ハヌカはユダヤ教の神殿清めの祭りだ。ユダヤ人が支配者のシリア王に勝利し、宗教の自由を勝ち得たことを祝う。

私はわくわくしながら、五番街からセントラルパーク沿いに散歩していた。一面雪に覆われた公園を、観光客を乗せた白い馬車がゆっくりと走っている。

突然、背後から激しい怒鳴り声が聞こえてきた。東洋系のドライバーがイエローキャブを降り、道路の真ん中で客らしき男にまくし立てた。風貌と英語のアクセントから、ドライバーは韓国系だろう。客は白人で、必死に何か言い返している。

降りるときに客が開けたドアが、別の車にぶつかり、衝撃でドアがゆがんだようだ。ドライバーに責められ、お前がこんなところに車を止めるからいけないんだろ、と客は負けずに反論しているようだ。

道路は渋滞し、ほかの車がクラクションを鳴らし続ける。通行人は立ち止まり、成り行きを見守っている。やがて客はドライバーに何か言い捨て、車の間をすり抜けて遠ざかっていった。ドライバーは逃げていく客とイエローキャブに交互に目をやりながら、客の後ろ姿に向かってわめいていた。

そのうち、あきらめたのか、キャブに乗り込み、ゆがみできちんと閉まらないドアをバタンと閉めて、頼りなげによろよろと走り去っていった。

誰にともなく、やじ馬の通行人の男が叫んだ。

Welcome to New York!

ニューヨークへようこそ！

同じ頃、マンハッタンを歩いていると、後ろのほうからまたもや罵声《ばせい》が聞こえてきた。道の真ん中にイエローキャブを止め、ドライバー同士が激しく口論している。何が起きたかわからないが、気分のいいものではない。
歩きながら何度か振り返って見ていると、後ろを歩いている白人のビジネスマンと目が合った。その人も口論が気になっていたようで、私を見ると肩をすくめた。
そして、ほほ笑みながら、私にこう言った。

They should be in the holiday spirit, shouldn't they?
ホリデーの精神を忘れてはいけないよね。

一年でもっとも特別な季節だからこそ、わかち合い、思いやり、ゆずり合いの精神を、忘れないでいたい。

It's Christmas.
クリスマスだもの。
この時期、人々はそう言って、いつもより寛容になるのだから。

Happy Holidays.
よい祝日を。

小さな言葉の贈り物をくれたこの見知らぬ人と、そう声をかけ合って、私は別れた。

They should be in the holiday spirit, shouldn't they?
ホリデーの精神を忘れてはいけないよね。

# メトロポリタン美術館の警備員

メトロポリタン美術館で大理石のライオン像を見ていると、そこへ六、七歳くらいの白人の男の子がふたりやってきた。一階のギリシャ・ローマ美術の部屋で、ライオン像は台座の上に展示されていた。

紀元前四〇〇年から三九〇年頃の古代ギリシャの作品だ。前後の左足をやや前に出して前身を低くかがめ、何かに向かってほえている。今から二千五百年近くも前の古代ギリシャの世界で、この力強いライオンが誰かの墓か何かを守っていたのだろうか。

多くのギリシャの美術品と同じように、このライオン像もその昔、ローマ帝国に持ち去られたという。それが今、ニューヨークにある。こうして一流の芸術品は、その時代その時代の大国の手へと渡っていくのだ。

ここメトロポリタン美術館で、世界じゅうから訪れる人々の守り神の役割を果たしているのかもしれない。

男の子たちは床にしゃがみ、ライオンの顔をのぞき込んでいたかと思うと、ひとりがライオンの口の中に手を入れた。もうひとりの男の子は台座に乗り、横からライオンの口の中に手を入れた。

ライオン像の回りにロープは張られていない。ロープは張っていなくても、展示品に触るべきではないのは常識だ。

母親だろうか。向こうから白人の女の人がふたり、こちらに向かって歩いてくる。ライオン像に触れないように、子どもに注意してほしいと思いながら見ていたが、ふたりとも何も言わずに、笑いながら子どもたちを写真に収めている。

展示物に触ってはだめよ。

そう注意しようと思っていると、美術館の警備員が子どもたちに近寄っていった。そして、子どもたちの前にしゃがみ込んで、何か話し始めた。

警備員が話し終わり、立ち上がると、子どもたちはライオンに触れるのをぴたっとやめた。像から少し離れて立ち、カメラに向かって気をつけのポーズをした。

親はまったく理解していない様子で、さっきと同じように写真を撮り続けている。

警備員は親らしきふたりには目もくれず、子どもだけに語りかけた。

四人がライオン像の前を立ち去るのを待って、私は警備員のあとを追い、声をかけた。

今、子どもたちに何と言ったのですか。

今度、このライオンに触ったら、君たちに何が起こるかわかっているかい？

と聞いたんだよ。

そうしたら子どもが、言ったよ。

ボクたち、追い出されるの？

だから、そうだよ、と答えたんだ。

人の手には酸があるから、触ると美術品が傷《いた》んでしまう。どれも大事なものだから、ここで保存しているんだよ、と話したんだ。

We should all take good care of them.
僕たちみんなで、大切にしないとね。

まあ、こんな感じかな。

親には何も言わなかったのですか。

言わないよ。子どもたちは説明すれば、ちゃんとわかるのさ。大人より子どものほうが、素直だからね。


私がしようとしたように、触ってはいけない、とただ注意したのではない。

この警備員は、子どもの背丈と同じ高さまでしゃがんで、きちんと目を見ながら、わかるように時間をかけて、ていねいに話した。彼の誠意も、貴重な美術品を守らなければいけないという使命も、子どもたちにきっと伝わっただろう。

後日、人のよい例のモンティにこの話をした。

警備員の対応がすばらしかったのよ、と。

モンティはニューヨーク市警に勤めている。警察で働いているのだから、こういうルールはきちんと守るべきだと思っているに違いない。

彼が驚きの声を上げた。

え、展示物って触っちゃいけないの？

ロープが張っていなければ、いいのかと思っていたのに。僕はそういうのに触るのが大好きだから、いつもベタベタ触っているよ。

We should all take good care of them.

僕たちみんなで、大切にしないとね。

# グランド・セントラル駅に魅せられて

グランド・セントラル駅の荘厳な中央ホールに面した階段の踊り場から、ホームに急ぐ人や列車から降りてきた人を、ぼんやりながめるのが好きだ。

この駅は中距離列車のターミナルだ。ホールの真ん中の案内所には、四面が文字盤になった時計があり、人々の待ち合わせ場所として、長い間、親しまれてきた。

そこに立って誰かを待っている青年、コーヒーを片手にホームに急ぐビジネスマン、重そうなスーツケースを引きずりながら、ホームから現れる女の人……。大理石などで作られたボザール様式の重厚な駅舎に、靴音や話し声が低く響き渡る。

この駅の楽しさを知っているのは、私だけではなさそうだ。

グランド・セントラル駅で結婚式を挙げているよ！

隣に立っている白人の男の子が叫ぶ。

一緒にいる五人の男の子たちは、十歳前後だろうか、ずらりと並んで見下ろしている。

今、結婚式を挙げたばかりなのだろう。夕刻のこの駅で花嫁と花婿が、そろいのドレスやタキシード姿の付き添い人らに囲まれ、写真撮影が行なわれている。以前は待合室として使われていた駅構内のホールで、結婚式を挙げることができるのだ。

通りがかりの人々が足を止め、にこやかに見守っている。

片時も目を離さずに見ている五人が、やがて誰からともなく、ワーグナーの結婚行進曲を口ずさみ始める。

タン、タータ、ターン、タン、タータ、ターン。

今度は黒人の母子らしきふたりが踊り場にやってきた。男の子は十二歳くらいだろうか。

高さ約四十メートルのアーチ型の天井は青緑色で、一面にプラネタリウムのような星座の天文図が描かれている。ホリデーシーズンには、この天井と壁などを大胆に使って、音と光のショーが繰り広げられる。

神秘的な音楽に合わせて、レーザーショーが始まった。ホールじゅうの人々が足を止め、天井を見上げた。男の子は身動きもせずに、口を開けたまま、ショーに見入っている。

七、八分でショーが終わった。どこからともなく拍手がわき起こる。男の子はその場を動こうとしない。ふたりはしばらく、そのままぼんやり立っている。

二十分ほどすると、再びショーが始まる。
さっき見たのと同じのよ。
母親らしき女の人が声をかける。
男の子はじっと天井を見つめている。
同じのだって言ってるでしょ。
本当にそうなの？
男の子は天井から目を離さずに、言う。
絶対にそうよ。ほら、もう行くわよ。

それでも男の子は、さっきと同じように口を開け、じっと天井を見つめてたたずんだまま、同じショーにくぎづけになっている。

He's completely carried away.
その子はすっかり夢中になっている。

マンハッタンの夜空は、星座とはあまり縁がない。林立するビルの間から見上げる空は狭く、オフィスやアパート、ネオンの明かりなどで、街が明るすぎる。

摩天楼のど真ん中で、作り物の夜空をいつまでも見ていたい。そんな気持ちがいじらしい。

He's completely carried away.
その子はすっかり夢中になっている。

# ハーレムの教会

ある日曜日、いつもの教会ではなく、ハーレムにあるバプティスト教会で礼拝してみたいと思い、夫婦で出かけた。夫にとっては初めての体験だった。

とはいえ、教会の名前や場所をきちんと調べたわけではなかった。ハーレムの中心で地下鉄を降り、ぶらぶらしていると、大通りに空《から》の観光バスが何台か止まっているのを目にした。

そういえば、ハーレムのバプティスト教会は観光名所になっていると聞いた。ガイドブックでもゴスペルで有名な教会が紹介されている。この辺りにあるに違いない。予感は的中した。突然、激しい音楽とともに地響きがしてきた。

ついに教会の目の前にやってきた。私たちの教会と同じように、入口には正装した人たちが立ち、礼拝に訪れる人を迎え入れる。

Good morning.
おはようございます。

朝のあいさつを交わし、中へ入ろうとする私たちに、黒人の女の人が声をかけた。

観光客は二階の席にすわってください。

その日は街の写真を撮る予定だったために、肩から一眼レフを下げていたし、黒人以外の来訪者は、ほとんどが見物客なのだろう。

私はクリスチャンで、ここで礼拝したくて来ました。

そう答えると、女の人が申し訳なさそうに言った。

失礼しました。では、一階にどうぞ。

真紅の座席が弓形に、階段状に並び、左右には立派なバルコニー席がある。天井や柱には、赤や青、金色の色鮮やかな細かい装飾が施され、天井から吊《つ》るされたシャンデリアが金色に輝いている。まるでやや古めかしいブロードウエイの劇場だ、と思ったら、やはりこの建物はもともと劇場だった。

一階にすわっていたのは、ほぼ全員、黒人だった。

ステージでは、ドラムやベース、ギター、キーボード、サックスなどの力強い躍動的な響きに合わせて、コーラス隊がリズムを取っている。中央前方にローブをまとった牧師が、ひとり落ち着き払った様子で、王様のようにでんとすわっていた。

教会員たちはステージと一体となり、歌い、踊り、神への賛美を叫ぶ。十字架のように両腕を横に広げ、ある人は両腕を突き上げ、ある人は牧師に向けてさし出し、思い思いに牧師の言葉を繰り返す。

ハレルーヤ。サンキュー、ジーザス（イエス様）！

突然、女の人が後ろからものすごい勢いでステージに向かって走っていったかと思うと、両腕を振り上げて踊り始める。泣き出し、失神しそうな人もいる。

牧師も説教を始めると、熱くなり、身ぶり手ぶりが激しくなる。リズムと張りのある声は、感情が高まるにつれ、大きくなり、キーボードの音が雰囲気を盛り上げる。まるでミュージカルのようだ。

われわれ黒人はごくわずかな報酬で働き、アメリカの経済を支えてきた。それなのに、今も肌の色の違いで差別され続けている。あなたは、虐待に、劣悪な人間関係に、苦しんだことがありますか。

アッハ〜ン！　オー、イエ〜ス！

私の隣にすわった黒人の女の人が、ドスのきいたしわがれた声で相づちを打つ。

After all I've been through, I still have joy!

辛いことはいろいろあったけれど、歓びがあります！

牧師がそう叫ぶと、教会員たちが一斉に繰り返す。

We still have joy!

歓びがあります！

あなたが抱えている問題は大きいと感じるかもしれない。しかし真に偉大なのは神なのです。

オー、イエス！

人々は、心も体も全開で神を賛美しているようで、それがなんとも自然に見える。歓喜（joy）という言葉を体現しているようで、私はいつも感動を覚える。

その日も礼拝後、説教のCDを買い求め、教会員と言葉を交わし、来週もここに来ようと元気いっぱいだった。

ああ、来てよかったね。

同意を求めて、ふと横を見ると、げっそりした顔で夫が立っている。妙に元気がない。口数も少ない。大音響のせいで、珍しく頭が痛いという。

何なんだ、いったい、あの騒ぎは……。あれは礼拝じゃなくて、ソウルコンサートだろ。

確かに、静かに祈りを捧げる教会に慣れている私たちには、同じ神を称《たた》えているとはとても思えない騒々しさだ。まるで、ショーだ。お祭りだ。

二階席にすわっていたのは、やはり観光客なのだろう、白人ばかりだった。私の夫のように、なんとなく白《しら》けた様子だ。とてもついていけないと思ったのだろう。

教会を出ると、私たちはエイミー・ルース（Amy Ruth's）というソウルフードの店へ向かった。教会帰りの人々で、いつもにぎわっている。

歩きながら、夫がぼそっとつぶやく。

あれだけ歌って踊って騒いで、腹の底からすっきりしたあとで、皆で食べるソウルフードはさぞかしうまかろう。

その夜、夫がいつものように、真面目な顔で祈りを捧げていた。

神様、今朝はいったいいつ祈ればよいのか、よくわからない教会へ行ってきました。

After all I've been through, I still have joy!

辛いことはいろいろあったけれど、歓びがあります！

# 元気になる電話

ニューヨークの寒い冬は、むなしさやさみしさも募る。

夫を日本に残し、本の取材のために半年間、マンハッタンで生活していた。二冊の本の締切を抱え、朝から晩までアパートにこもり、仕事、仕事の毎日で、めげていたときだ。

その日は朝から雪が降っていた。何かの用で、ある企業に電話した。電話に出た男の人が、私に明るく聞いてくる。

今日のニューヨークの天候はいかがですか。

今日は朝から雪ですよ、

と答える。

何、雪だって？　そりゃあ、すごい。こっちはなんと、七〇（摂氏二一）度以上、ありますよ。

どうやら相手はニューヨークに住んでいるわけではなさそうだ。聞いてみると、フェニックスだと答えた。アメリカ南西部のアリゾナ州の州都だ。フェニックスの冬は温暖で、めったに雪など降らないのだろう。

雪の日に家にこもっているなんて！

雪だるまを作ったり、雪合戦したりして、外で遊んでいないんですか。


数日後、建築関係のある団体に電話した。高級アパート、ダコタの正式名称は The Dakota なのか、Dakota Apartments なのか、確認するためだ。執筆中の本で触れたかったからだ。

「ダコタ」はアッパーウエストサイドに、セントラルパークを見下ろすように立っている。ジョン・レノンが家族とともに住み、一九八〇年十二月八日にこの正面で射殺された。映画「ローズマリーの赤ちゃん」はここで撮影された。

入居には厳しい審査があり、七〇年代にビリー・ジョエルがはねられたといわれる。合衆国が指定する歴史登録財と歴史建造物に含まれる。

電話に出たピーターという男の人が、手元にある資料を調べてくれた。


電話を切る前に、ピーターが言った。

Take care.　Stay warm.
気をつけて。暖かくしてなよ。

Take care.
じゃあ、またね。

アメリカ人がよく口にする、気軽な別れのあいさつだ。
体に気をつけて。お大事に。
そんな思いが込められている。

赤の他人なのに、あいさつに添えられた何気ない彼らのひと言が、いつも私を元気にしてくれる。

Take care.　Stay warm.
気をつけて。暖かくしてなよ。

# 試着を待つ男たち

ソーホーのブティックの試着室の入り口に置かれたソファに、私の夫と並んで白人の男がすわっている。夫と同じように、連れの女性の買い物につき合わされているのだ。

連れの白人女性は、二着のドレスを交互に着てくる。どちらにするか、迷っているらしい。

その男はまったく興味がなさそうで、彼女が現れても携帯電話の操作に熱中している。女性に意見を求められると、仕方がないなという感じで、ようやくぼそぼそと何かコメントを言う。悲しげに試着室に去っていく女性の後ろ姿に向かって、男が声をかける。

両方買えよ。

結局、女性はどちらのドレスも手に持たずに、男を促し、店を出ていく。

白人カップルが去ってしばらくすると、今度は黒人カップルが現れた。さっきまで白人の男が腰かけていたところに、黒人の男がすわった。女の人は試着室の中へ入っていった。

連れの女性が試着している間、黒人の男は無表情でゲームに没頭していた。

しばらくすると、女性がグレーのスーツを着て現れた。

どう？

声をかけられ、男は顔を上げる。

ヘーイ！

突然、スイッチの入った人形のように、目を大きく見開き、大げさな身振りで、女性に向かって両方の親指を立ててみせる。

Two thumbs up!
最高だぜ！

夫も一緒になって、親指を上げて、加勢した。ふたりの異性の反応に気をよくした様子で、試着室に戻っていく。

男はまた無表情になり、ゲームを始める。

さきほどのグレーのスーツを買うのかと思いきや、今度は黒のスーツ姿で連れの女性が登場する。


Hey!　Great!

おお、いいじゃん！

声の調子は少し落ちたものの、自分を奮い立たせるように、黒人の男が大げさに反応する。

笑みを浮かべて、女性が奥へ消えていく。

男は再び、ゲームに夢中になり始める。

お互い、疲れるよな。

隣にすわっていた夫が、ぼそっと声をかける。

黒人の男は再びスイッチが入ったように、話し出す。

そうなんだよ、ユ〜ノ〜、マ〜ン！　もう一日じゅう、こうやってつき合ってんだぜ。

もう帰んなきゃ、仕事に遅れちまうよ。あんたも一日じゅう、つき合わされてんのかい。

まだ、一軒目だから、先は長いよ。

そこへ私が、紺のドレスを着て登場したらしい。

どうだい?

夫が黒人の男を突っつき、意見を聞く。

男は私を見上げると、両方の親指を立てて言った。

Hey! Great!

へーイ、最高だぜ！

Two thumbs up!
最高だぜ！

ほかに言いようがないわよね、と私が笑う。

連れの黒人女性が、服を抱えて試着室から出てきた。試着はすべて終わったようだ。黒人の男は立ち上がると、無言で夫に手をさし出した。

お先にな。頑張れよ、とでもいうように。

ふたりは大きな振りで強く握手を交わす。


あんたたち、何？　どういう関係なの？

とでもいうように、連れの女性はいぶかしげにこの光景を眺めている。

男でよかった。

そう思うこともあるらしい。

# 恋から落ちて

自分の夫婦関係についてコリーンが話すのを、私は電話越しに聞いていた。

コリーンとは、一度しか会ったことがなかった。離婚のサポートグループを取材に行って、そこで知り合った。

夫は八か月前に家を出ていった。これが三度目だ。

最初は、結婚して数年後だった。

I'm falling out of love.

愛が冷《さ》めた。

そう言い残して。

fall in love なら「恋に落ちて」だが、fall out of loveは「恋から落ちて」。つまり、愛が冷めてしまったのだ。

二度目の家出は、九年前だ。彼の浮気が原因だった。コリーンは夫を許した。

今回は、お前は金遣いが荒い、と夫が出ていった。

あの人が家にいないさみしさを満たすために、私の恋人はクレジットカードになっていったの。

自分の非を、コリーンは私にこう説明した。

夫のビルは刑務所の看守として、夜十一時から朝六時まで働いているという。

結婚した頃は、とてもユーモアのセンスがあって、生真面目な私の心をいつも和《なご》ませてくれたの。でも、今はシニカルになってしまったわ。職場ではみんなが、おれをきらっている、と言っているわ。仕事柄、仕方がないといえば仕方がないのよね。

それだけでは生活できないから、朝七時から昼の三時まで庭師として働いているの。前なんか、夕方六時まで働いていたわ。寝られるのは、夕方六時から四時間だけなの。

夫は燃え尽きちゃったのね。

今も子どもに会いに、よくうちに来るわ。最近になって、カウンセリングに行ってみないか、ってあの人が言い始めたの。私は離婚届にサインしたけれど、ビルはそれを弁護士に預けたままなのよ。

コリーンと出会ったサポートグループは、すでに離婚した人や離婚を決めた人のためのものだった。言うべきではないかもしれないと思いながらも、コリーンの話を聞いていて、私は問いかけずにいられなかった。

どうして離婚するの？

コリーンが夫について語るとき、言葉の端々に愛や思いやりが感じられたからだ。あなたには、ビルに対して愛情と尊敬の念があると思う。それがあれば、やり直せるんじゃないかしら。

余計なお世話なのは百も承知だったが、言わずにいられなかった。今ここで、ひとつの家族が壊れかけようとしているのだ。

しばらく沈黙が続き、コリーンが口を開いた。

I still love him in a way.

あの人に、まだ愛情はあるわ。

でも、あなたの夫は？　と聞かれて、仕事なの、と答えるのがもういやになったわ。このまま友だちでいた方が、いいのかもしれない。もう、あの人とは絆《きずな》がないように感じるの。

そう言いながら、コリーンの声は震えていた。

今ちょうど、夫が子どもに会いに来たわ。

家を出ていった夫が、ひとつ屋根の下で子どもたちと遊んでいる。離婚後も子どもに会うのはアメリカではごくふつうのことだが、ビルはここに戻りたがっている、と私は感じた。

沈黙を破って、コリーンが言った。

あなた、ビルと話してくれる？

コリーンの思いがけない言葉に、私は驚いた。

私はいいけれど。ビルが私と話したがらないかもしれないわ。会ったこともないのよ。

ちょっと、待ってて。

そう言うと、コリーンは電話口から離れた。

しばらくして、戻ってきて、言った。

ビルも、あなたと話したいって。

想像していたより明るい感じで、ビルが電話口に出た。

ふたりのなれ初《そ》めから、ビルは話し始めた。

高校の同級生で、よく一緒に遊んだよ。小学校も同じだったんだけど、そのときは、お互いのこと、まったく知らなかったんだ。

そして、話は現実のふたりに移っていった。

僕がこんなに一生懸命働いているのに、感謝もされないんだ。仕事がふたつもあって、職場ではきらわれているんだから、家はゆっくり休めるところであってほしいんだよ。

それなのに、帰ってくれば文句ばかり言われる。

私は、自分と夫をだぶらせながら、ビルの話を聞いていた。それまでは、相づちを打っていただけだったが、最後に言った。

コリーンは寂しさを感じているから、文句を言ってしまうのは、あなたに一緒にいてほしいという気持ちの裏返しなのでしょうね。コリーンと話していると、あなたに対する愛情も尊敬の念も感じるもの。

そうなのか。

とても意外そうに、ビルが聞いた。

少し間を置いて、ビルがつぶやいた。

今日ちょっと、時間を作って、コリーンと話し合ってみようかな。


話せて、よかった。

ビルはそう言って、コリーンと電話を替わった。

あの人、何て言ってた？　聞かない方がいいと思って、私はほかの部屋にいたの。

あなたと話し合ってみようかな、と言っていたわ。

まあ。

そう言ってから、しばらく沈黙があった。

あなたの経歴は、何なの？　セラピスト？

違うわよ。

私が笑った。

あなたも知っているとおり、こうやって人の話を聞いて、それを書くだけよ。

コリーンはおかしそうに笑うと、言った。

You really opened a door for us.
あなたは私たちのために、まさに扉を開いてくれたわ。

それからしばらくして、コリーンと電話で話した。

ひとりでやっていこうと決心していたのに、あれから心が揺れ動いてしまったという。通りすがりの私の無責任なひと言で、すべてが変わるわけがない。でも、やり直したいという気持ちがなければ、あのときコリーンは私にビルと話して、とは頼まなかっただろう。ビルも、見ず知らずの面識もない私と話したいなどと言わないだろう。

決心し切れないものがふたりのなかにあったから、揺れ動いているのだ。

揺れ動き、さらに思い悩み、それから決めても、決して遅くはないはずだ。

You really opened a door for us.
あなたは私たちのために、まさに扉を開いてくれたわ。

## ハーレムの名門校

このハーレムの学校は、暴力が絶えず、とても荒れていた。学力レベルは、ニューヨーク市内の公立校の中で、下から二番目だった。コミュニティの人たちは、学校の存在を恐れていた。

ハーレムの子どもたちに、名門大学に入れるような教育を――。

一九九一年、教育者らの熱い思いから、ここに新たな学校が生まれた。黒人の奴隷廃止運動家にちなんで、「フレデリック・ダグラス・アカデミー」と名づけられた。

最初は一学年（七年生＝日本の中学一年生）だけだったが、今では六年生から十二年生までが学ぶ。

フレデリック・ダグラス（Frederick Douglass）は、一八一八年にメリーランド州で奴隷の子として生まれた。母親は黒人で、父親は誰かわかっていない。生まれてすぐに母親から引き離された。

十歳の頃、当時の女主人にアルファベットを習った。奴隷に読み書きを教えることは違法だったため、夫はそれを禁じた。フレデリックは近所に住む白人の子どもたちに自分の食べ物をあげる代わりに、読み書きを教わるなどして、勉強を続けた。

フレデリックは三八年、奴隷の境遇を脱出しようと、列車に乗り込んで、ニューヨークへとたどり着く。その後、奴隷廃止運動にかかわり、七二年の大統領選挙では、黒人として初めて副大統領候補に指名された。が、彼自身、指名されたことを知らされておらず、選挙運動も行なっていない。

教育者としての長年の経験と実績が買われ、ロレイン・モンロー氏が初代校長となった。校長は貧しい家庭に生まれ、自身も中学までハーレムの公立校に通った。父親は短気で、子どもに手をあげることも少なくなかったが、父親の良い面に目を向けた。

人には必ず、何かすばらしいものがある。それを学ぼうとしてきた。

アカデミーの誕生にコミュニティは喜んだ。校長が初めてのPTAの会合のために近くの店に紙皿などを買いに行くと、代金を受け取らなかったという。

校長が自分で学区内の学校を回り、アカデミーについて話し、やる気のある生徒を集めた。伸びると思われる生徒は、学力が基準に達していなくても、受け入れた。可能性を持つ子どもたちの才能を磨く機会を与えるのが、このアカデミーの目的だからだ。

教師も校長が自分で選んだ。

私は創立直後、この学校を訪れたことがある。

ほとんどが黒人の子どもたちだった。自信もなければ、自尊心もなかった。

まずは形を整え、勉強の基本的な姿勢から教えた。毎日、遅刻をせずに登校する。必要な勉強道具を持ってくる。ノートをきちんと取る。暴力をふるわない。

日本の学校のように、制服を設けた。男子は白いシャツに紺のネクタイとズボン、女子は白いブラウスに紺のスカートだ。

校舎のあちこちに、「努力なしに達成できると思うな」「実行すべきことを計画し、計画を実行しなさい」といった標語が張られていた。

この学校で大切にしているのは、黒人としてのルーツだ。あらゆる分野の黒人指導者たちの生き方に触れ、自分たちにも何かできること、黒人の文化を引き継いでいく責任があることを、実感させようとしている。

厳しい規則に、はじめは生徒たちも戸惑う。しかし、やがて学校に対する誇りを持つようになり、自尊心も芽ばえていく。

今ではニューヨーク市の公立校のなかでも優秀な進学校のひとつとなり、生徒のほとんどは大学に進学している。

初代校長が、生徒たちにいつもかけていた言葉がある。

I believe in you.
君たちを信じているよ。

子どもたちには可能性がある。それを私たちは信じている。繰り返し、そう言葉をかけることで、子どもたちは必ず変わるのです。そう言ってくれる人が、周りにひとりもいない子も多いのですから。

その日、ブロードウエイのミュージカル「キャッツ」を観に行く生徒たちを、校舎の出口で校長が見送っていた。

今、私があなたたちに言いたいことは？

校長がそう聞くと、生徒が一斉に答えた。

一．学校の名を汚さない。

二．あなたたちは学校の大使。

そして、最後に大きな声で、こう言った。

三．楽しんでいらっしゃい（Enjoy!）。

Enjoy!

楽しんでいらっしゃい。

校長も、子どもたちに応えてそう言うと、うしろ姿に向かって大きく手を振り、笑顔で送り出した。

I believe in you.
君たちを信じているよ。

# グラウンドゼロ

同時多発テロ事件からちょうど一年目の九月十一日、私はグラウンドゼロに向かった。地下鉄の駅から地上に出たところに、すでに多くの人たちが集まっていた。グラウンドゼロから数百メートル離れている。星条旗がはためいているのは見えるが、グラウンドゼロは地上よりかなり低くなっているため、何が行なわれているかは見えない。

何も見えなくとも、二千人もの人々の痛ましい墓場となってしまったこの場所に、この瞬間にいたい、と多くの人が思ったのだろう。

ユニフォーム姿の警察官や消防士、リボンや犠牲者の写真入りのバッジを胸に付けた遺族らが、グラウンドゼロへ向かって歩いている。

式典が始まり、犠牲者の名前がひとりひとり、読み上げられている。

しばらくして、人だかりから抜けると、そこに白いTシャツを着た男の人が立っていた。かなり高齢で、髪は白く、胸に届きそうな白いあごひげを生やしている。

Tシャツには、明るい赤い文字でHUGS! HUGS! HUGS! とプリントされていた。

道行く人々に、小さなチラシを配っている。

What all the people in the world need now is the Hug Man.

今、世界じゅうの人々が必要なのは、ハグ・マンです。

こういう人を見かけたのは、初めてだった。

人々はどんな反応をするのだろう。

しばらく私がそこにたたずんでいると、二十代後半ほどの青年がハグ・マンに歩み寄り、声をかけた。

Can I get a hug?
ハグしてもらえますか。

ハグ・マンは満面に笑みをたたえて答えた。

Sure.
もちろんだとも。

ハグ・マンは、青年をしっかり抱きしめた。青年も、ハグ・マンを抱き返した。

ふたりはしばらく、そのまま、抱き合っていた。

やがて、支え合っていた腕がほぐれ、ふたりが離れた。

Thank you.　That made me feel good.
ありがとう。うれしかったですよ。

そう言って、青年は去っていった。
ハグ・マンのTシャツの文字は、こう続いていた。

Give HUGS to your family
Give HUGS to your friends
Give HUGS to people you meet
Give HUGS to everyone
Allow them to be deep and meaning-full
HUG everyone as though it might be the last time you'll see them
YOU NEVER KNOW!

I send you much love and HUGS
the Hug Man

あなたの家族を、抱きしめてあげて
あなたの友だちを、抱きしめてあげて
出会った人たちを、抱きしめてあげて
みんなを、抱きしめてあげて
思いを深く、たくさん込めて
みんなを、抱きしめてあげて。もう二度と会えないかもしれない、という思いで
明日のことは、誰にもわからないからね

あふれる愛とハグを、あなたへ
ハグ・マンより

Can I get a hug?
抱きしめてもらえますか。

# マジックタッチ

ワールドファイナンシャルセンターの前にちょっとした横長の人工池がある。その前にカフェのようにテーブルと椅子が並べられていて、一部は誰でも使えるスペースになっている。

木陰のテーブルにすわり、コーヒーを飲みながら、仕事をしていた。人工池のふちから、垂直に水が流れ落ちていく。

白人の親子四人が、すぐ近くのテーブルにすわった。親たちがおしゃべりを始めると、兄妹らしき四、五歳の子どもがふたり、待ちきれないといった様子で、元気よく池に駆けていった。

女の子は、赤毛でソバカスがある。ピンクのバンダナを頭に巻いている。

男の子が右手の指先をそろえて、流れ落ちてくる水を横に切ると、池の水面に小波《さざなみ》が立った。

どうだ、すごいだろう！

男の子が腰に両手を当て、胸を張って、女の子に言う。

それを見ていた妹が、目を真ん丸くして、大きな声で叫ぶ。

うわあ、すごい！　すごいわ、マイケル（お兄ちゃん）！　あたし、驚いちゃった！

妹は尊敬のまなざしで兄を見つめる。心の底から感動しているようだ。

兄は得意になって、何度も水を切る。

ほら、見ろよ。このマジックタッチを！

本当にマジックタッチね！　すごいわ！　ねえ、お兄ちゃん、あたしもマジックタッチ、できるかなあ。

やってごらんよ！　できるかもしれないよ！

妹は見よう見まねで、右手で水を切る。

池の水面に小波が立つ。

Emily, look at you!
エミリー、すごいじゃないか！

お前もマジックタッチ、できたじゃないか！

すごい、すごい！　あたしもできたわ、お兄ちゃん！　あたしたち、ふたりとも、マジックタッチをマスターしちゃったのね！

すっかり魔法の世界に入り込んだふたりは、見る人の心を和ませる。
水面に立つ小波のように、魔法は大人たちの心にも広がっていく。
池の中にそっと右手を入れて、私も水を切ってみる。

Look at you!
すごいじゃないか！

# あとがき

Stop and smell the roses.
立ち止まって、道端のバラの香りをかぐ。
そういう心のゆとりを持って、人生を楽しもう。

この本でも紹介した、私の大好きな言葉だ。

そんな心のゆとりを、私たちはいつのまにか、失ってしまった。

毎朝、満員電車に揺られ、目の前の仕事をこなすだけで、あっという間に一日が過ぎていく。日常の繰り返しに、自分の人生っていったい何なのだろうと思う。

ちょっとしたことで落ち込み、孤独になり、生きていくのがいやになってしまう。

そんなとき、ニューヨークの、ときには見も知らぬ人々の、何気ない温かいひと言に、ちょっとした気持ちのよいユーモアに、私自身、元気づけられてきた。

立ち止まって、道端のバラの香りをかぐ心のゆとりを、この街は忘れていない。

この本を執筆・校正している間、夫との会話の多くが、なぜかここで紹介した英語表現のやり取りだった。頭のなかはつねにそのことでいっぱいだったし、あまりに忙しくて、言葉数も少なかったからだろう。

Good luck.（夫）
幸運を祈っているよ。
Thank you. I need it.（私）
ありがとう。私には必要だわ。
You're everything to me.（私）
あなたは私のすべてよ。
I have a big favor to ask (of) you.（私）
とっても厚かましいお願いなんだけど。
I'm never too busy for you.（夫）
君のためなら、いつでも時間があるよ。
I'm impressed.（私）
すごいわ。
No sweat.（夫）
お安いご用さ……。

本音はともかく、そんな前向きなやりとりばかりだったから、いつもは殺気立ってしている仕事も、楽しい気分でこなした。

言葉のパワーは偉大だと、改めて思った。

この本の中に、下半身不随になり、車椅子の生活を一生強いられることになった友人ビルの話がある。
毎朝、目覚めると、ベッドの上に横になったまま、窓からハドソン川をながめ、ビルが自分に語りかける言葉を紹介した。
Life is good.
人生っていいものだよな。

日本人の友人が、この話を読んで、アドバイスしてくれた。

この言葉を日本語に置き換えると、人生って捨てたもんじゃないよな、というほうが、しっくりくるのではないか、と。

私もそう思った。だが、あえて、人生っていいものだよな、のままにした。

その肯定的で、前向きで、直接的な表現が、彼らの感覚により近い、と感じたからだ。

私がニューヨークの人たちの、何よりも好きなところだ。

ここに登場する友人知人、見知らぬ人たち、出版を誰よりも心待ちにしてくれた担当の菊池美弥さん、恩師の小森孝光氏、友人のSara, Bill, Jennifer, Debbie, Monte, Maripat、沢田美和子さん、増井由紀美さん、夫の塩崎智へ。

Thank you for being a part of my life.
人生をわかち合ってくれて、ありがとう。

二〇〇七年九月十七日

岡田光世

# 文庫版あとがき

この夏、高校の同窓会に出席するために、ウィスコンシン州の町に五年ぶりに帰った。親友のマリー・ジョーの父親、ジョージに会うと、本書のエッセイ「故郷」で書いたあのときとまったく同じように、私を強く抱きしめて頬ずりをすると、じっと目を見つめながら、言った。

Welcome home, Mitz.

おかえり、ミッツ。

この町を故郷と思えるのは、そこに「おかえり」と迎えてくれる人がいるからだ。私にとって、ニューヨークはちょっと違う。たとえ、「おかえり」と迎えてくれる人がいなかったとしても、ここではなぜか、人のなかで生きていると感じるのだ。

うれしいことに、著者の想像をはるかに超え、拙著『ニューヨークのとけない魔法』と『ニューヨークの魔法は続く』（ともに文春文庫）が、多くの人に読まれ続けている。単行本として出版された順序とは逆に、まず、『ニューヨークのとけない魔法』、次に

『ニューヨークの魔法は続く』が文庫化され、二冊はいつしか『ニューヨークの魔法』シリーズと呼ばれるようになった。本書はシリーズ第三弾ということになる。

『ニューヨークの魔法』シリーズの読者の多くが、東京などと比べてニューヨークは温かい街だと感じたようだ。毎年何度か、日米以外の国を訪れるが、どの街でも、数々の心温まる出会いがあった。世界のどこでも人の本質はそれほど変わらないと思う。

私がパリに住んでいたら、『パリのとけない魔法』がきっと生まれただろう。東京での数々の出会いを、『東京のとけない魔法』に、世界のさまざまな街での出会いを『世界のとけない魔法』にまとめてみたい、とも思う。

同じように、どの街でも嫌な思いをしたことはある。本書で紹介したように、ニューヨークで突然、顔につばを吐きかけられた経験もある。

それでも、私の限られた体験からしか語ることはできないが、ニューヨークは世界のほかのどの街とも違う。アメリカのどの街とも違う。最もアメリカらしく、同時に最もアメリカらしくない街が、ニューヨークだ。

There's no place like New York City.

ニューヨークのような場所はどこにもないわ。

本書のエッセイ「トイレ友だち」で、私の〝トイレ友だち〟になったニューヨーカーのことばどおりだ。

ニューヨークで生まれ育ち、シカゴなど他の街にも住んだアメリカ人の友人は、こう言った。

「ニューヨークでは、他人と出会った瞬間に、まるで長年の友だちのような会話が交わされるけれど、ほかの街ではなかなかそうはいかないわ」

私はどこにいても見知らぬ人とよく話すほうだが、彼女はそういうタイプではない。それだけに、そのひと言は意外だったこともあり、強く印象に残っている。


相手を幸せにする粋な英語表現と、それにまつわるエピソードを紹介してほしい、という編集者の依頼で、単行本『ニューヨークが教えてくれた　幸せなことば』（中経出版）を書き下ろした。その本ではほとんどの話が二ページと短かったため、文庫化するにあたり、大幅に加筆し、新たなエッセイも加えた。

単行本は、執筆依頼から刊行までわずか四か月間という短さだったこともあり、本書で紹介したエッセイの半分は、その夏の一か月間に起きた出来事だ。ニューヨークでは、その気になれば、いかにさまざまな出会いがあるかわかるだろう。

基本的には前向きな表現を、ニュアンスをくんだ和訳付きで紹介している。ほかに、ホームステイ先のダッドとの最後の会話や手紙、どうしても登場人物の言葉で紹介したかった表現も、英文になっている。

相手を幸せにする「魔法のことば」は、日本語にもたくさんある。

ありがとう。

うれしいよ。

そんな言葉を、心を込めて言ったのは、いつだろうか。

エレベーターや電車で、たまたま誰かと一緒になったとき、あなたが何気なくかけたことばを、相手はずっと忘れずにいるかもしれない。あるいは、あなたの回りのもっと身近な人が、そんな魔法を待っているのかもしれない。


先日、青山のちょっと洒落たフレンチレストランで義妹の誕生祝いをしたいと、本人にメールした。彼女の返信メールに、「着ていく服がありません」と二度、書かれていた。

繰り返しそう言うので、気になった。近場にレストランはいくらでもあるから、わざわざ青山に行くのは面倒なのかもしれない。

近場でもいいわよ、と伝えると、こんなメールが届いた。

「めったに行かない場所だし、楽しみなんですよ。でも、前以上に太っちゃって、着ていくものがないんです。オシャレな服が着れないと、行っちゃいけない場所なのかなぁとか思っちゃうんです。卑屈な自分がイヤになっちゃいます。でも、今回は楽しみにしてます」

日本でガリガリに痩《や》せた若い女の人を見かけると、もう少しふっくらしたほうが魅力的なのに、と思うことがある。皆がやせることに必死になっているなかで、こんなに肩身の狭い思いをしていたのか。彼女は四十代だというのに、ほとんどシミのない色白の肌で、整った美しい顔をしている。

私は切なくなり、思わず長いメールを送った。

「お世辞ではなく、あなたはとてもきれいで魅力的よ。もっと自分に自信を持たなきゃ。海外じゃ、みんな体型なんか気にしないで、バンバンおしゃれして、人生を楽しんでいる。おしゃれは自分が楽しむためにするのだから。人目なんて気にすることないわ」

すぐに返事が届いた。

「涙が出るくらいうれしいです。今まで、誰にも言われたこと、ないですから」

と。

最後になりましたが、山本一力氏に心からお礼を申し上げます。ご多忙の中、思いもかけず、解説を快くお引き受けくださることになり、本書は私にとって大切な一冊となりました。

以前、山本氏が拙著『ニューヨークのとけない魔法』の書評のなかで、この街は「摩天楼そびえ立つ大都会だが、わたしには町に見える」と書かれていました。ニューヨークは、同氏が生き生きと描く江戸の下町に、意外にも近かったのかもしれません。

担当編集者の三阪直弘さん。抜群のユーモアのセンスで支えてくださり、とても楽しい本作りでした。前二作に引き続き、哀愁と温かみのある絵を描いてくださったイラストレーターの上杉忠弘さん。すべての音を包み込む雪の、静かな寒いセントラルパークにたたずんで、母子はどんなことばを交わしているのだろう。思わず耳をすませてみたくなります。今回も雰囲気のある装丁に仕上げてくださった大久保明子さん、丁寧にゲラに目を通してくださった校正担当者、印刷所や営業の方々、お世話になりました。『ニューヨークのとけない魔法』、『ニューヨークの魔法は続く』、そして今、この本を手に取ってくれたあなたへ。

ありがとう。

うれしいです。

二〇〇九年十月二十六日

岡田光世

# 解説

山本一力

ああ、いいものを読んだ。

牛に引かれて善光寺参り、と言う。

わたしは岡田光世さんの前作『ニューヨークのとけない魔法』に魅せられて、二〇〇九年三月に初めて彼の地をおとずれた。

そして彼女の著作を旅行ガイドとして、ニューヨーク（以下NY）の随所を探訪した。

その縁で、このたび岡田さんの新作解説を受け持たせていただくことになった。

文庫解説はプロの文芸評論家の仕事だと、わたしは確信している。まれに解説を頼まれても、ほとんどお断りしてきた。

おのれに課した禁を破って受けさせていただいたのは、それほどに本書が魅力に満ちているからだ。

ならば、本書に充ち満ちている魅力とはなにか。小見出しをつけるかの如くに触れてみたいが、まずはNYがまことにチャーミングに描かれているということだ。

一九四八年生まれのわたしは、劇場で観る映画を通じてNYという都会に魅せられた。当節とは異なり、六〇年代は東京にいても欧米から届く情報は限られていた。そして日本に到達するまでには時差があった。

NYで流行していたポップス、ジャズ、ファッションなどは数週間遅れで、そして発信者の感性で仕分けされて、その情報が東京（日本）に届いたものだ。

映画は違った。

大画面で観る映像は、カメラが捉えた情報を丸ごと見せてくれた。もちろん制作者が仕分けた情報ではあったが、動画が伝える臨場感を堪能できた。

『ウエストサイド物語』は、マンハッタン全体の空撮から。

『ティファニーで朝食を』は、朝まだきの五番街から、それぞれ映画が始まった。当時まだ思春期真っ直中だったわたしは、NYが描写されたスクリーンを見詰めた。

そしていつの日かこの街を訪れてみたい、あの通りに立ってみたいと、願望を膨らませたものだ。

五十も半ばを過ぎて、ようやく行きたければ海外にも行けるようになった。が、飛行機で十二時間以上もかかるNYは、億劫さが先に立って行かず仕舞いでいた。

そんなわたしを憧れの地NYへ、さあ行けやと駆り立てたのが、岡田さんの前作『ニューヨークのとけない魔法』だった。

巻頭から巻末まで、登場するＮＹっ子の表情は豊かだ。そして優しい。そんなエピソードの数々に惹かれてＮＹに出かけた。

四週間の滞在中、幾つも岡田エピソードもかくやの体験ができた。

前作以上に本書もいい。しかし中身に触れるのは、未読の読者の興を殺《そ》ぐことになる。それを承知で、あえて具体的な魅力をふたつ紹介させていただきたい。

ひとつは食べ物だ。

岡田さんはＮＹでドイツ人と知り合い、ホワイト・アスパラガスの話を聞いた。

「この時季になるとホワイト・アスパラガスを食べて、故国ドイツを思い出すの」

ドイツではホワイト・アスパラガスをシュパーゲルと呼ぶそうだ。

望郷の想い断ちがたく、時季がくれば故国ゆかりの食べ物を口にするという。

十四歳で高知から上京したとき、なにより哀しかったのは高知で毎日のように食べたすり身のてんぷらが食えなかったことだった。

シュパーゲルのくだりを読んで、わたしははるか彼方に過ぎ去った十四歳当時を思い出した。

まこと食べ物は、望郷の思いをそそる。

彼女は前作でも、食べ物で素晴らしい逸話を記している。感謝祭のターキーの話だ。

教会が感謝祭の日に、ホームレスのひとたちにターキーを振る舞った。多くのひとが長い列を作った。その列を見た彼女は……。

「来年はこの列には並ばず、配る側にいるひとも出るかもしれない」と思ったそうだ。だれしも誇りを持って生きている。岡田さんはターキーに託して、その誇りを見事に描き出してくれた。

いま思い返しても読後感、爽やか至極だ。

もうひとつの本書の魅力。

それは生きることの喜びを、あらためて実感させてくれることだ。

日本は先進諸国では類例をみないほどに、自殺が多いという。今年（二〇〇九年）から十年さかのぼっても、その間常に年間三万人台の自殺者が出ている。

しかし自殺うんぬんを論ずる気はない。その逆で、言いたいのは生きる喜びについてだ。

岡田さんの友人が難病に罹《かか》った。

その病が発見されるくだりも凄まじいが、それは読者が読まれればいい。

手術の末、なんとか一命を取り留められた。しかしそれは、首から下の麻痺という代償を払って得た命だった。

医学や文明の進化は日進月歩だ。

身体に電子チップを埋め込むことで、運動機能の幾つかを取り戻せることになった。

友人はチップ埋め込みを選んだ。その結果、手の動きを取り戻すことができた。

その友人は言う。

ああ、今日も歯を磨ける。

ひげを剃れる。

髪をとかせる。

フォークでオムレツが食べられる、と。

人生はいいもんだと、岡田さんは翻訳した。

その訳し方に、岡田さんの生き方が表れている。そして彼女の生き方に触れる心地よさにからめとられて、ゲラ（下刷り）を何度も読み返した。

本書は生きる喜びを教えてくれる。

独り占めにはしないで、多くのひとにこの喜びを伝えてもらいたい。

最良の手段は、想うひとに本書をプレゼントすることだと思えてならない。


（作家）

この本は二〇〇七年十月に中経出版から刊行された『ニューヨークが教えてくれた　幸せなことば』を改題し、文庫化したものです。

文春文庫

# ニューヨークの魔法《まほう》のことば

定価はカバーに
表示してあります

2010年1月10日　第1刷

著　者　岡《おか》田《だ》光《みつ》世《よ》

発行者　村上和宏
発行所　株式会社　文藝春秋

東京都千代田区紀尾井町 3-23　〒102-8008
TEL　03・3265・1211
文藝春秋ホームページ　http://www.bunshun.co.jp

落丁、乱丁本は、お手数ですが小社製作部宛お送り下さい。送料小社負担でお取替致します。

印刷・大日本印刷　製本・加藤製本

Printed in Japan
ISBN978-4-16-777334-2

（　）内は解説者。品切の節はご容赦下さい。

石川三千花
## ラブシーンの掟
「性愛奥義はインド発で」「SMは命がけ」etc.。有名映画のベッドシーンをイラスト化。解説を加えてお洒落に仕上げた意欲作。みうらじゅん、中野翠両氏とのディープな特別対談も収録。

い-37-6

内田春菊
## やられ女の言い分
マンガに小説にバンドに芝居。二人の幼児（いまは三人、まもなく四人）をかかえながら、八面六臂の大活躍をする著者のパワフルでエネルギッシュなエッセイとコラムの集成。

う-6-11

内館牧子
## きょうもいい塩梅《あんばい》
桜餅、おでん、風船ガム、赤飯、ぎんなん、鯖、ラーメンetc.。食べ物が呼び起こす忘れ得ぬ情景、心に残る人々。人気脚本家が愛惜をこめて綴った珠玉のエッセイ集。（藤原正彦）
う-16-1

大石　静
## 駿台荘物語
当たらない手相見の五味康祐、気むずかしい五味川純平、汚い着物の檀一雄……少女の頃、養母の経営する旅館で垣間見た作家たちの素顔をいきいきと描く傑作エッセイ！（嵐山光三郎）
お-21-3

Oka-Chang《オカチャン》
## アイロニー？
「an an」などで人気のモデルが、向島の花柳界へトラバーユするまでの不可思議な日常を綴った。真夜中の独り言、戯言、悪態、自問自答の数々など。最もビューティーな毒舌家誕生！

お-36-1

岡田光世
## ニューヨークのとけない魔法
東京とニューヨーク。同じ大都会の孤独でもこんなに違う。お節介で、図々しくて、孤独な人たち。でもどうしようもなく惹きつけられてしまうニューヨークの魔法とは？（立花珠樹）
お-41-1

岡田光世
## ニューヨークの魔法は続く
静かな感動を呼んで版を重ねた前作『ニューヨークのとけない魔法』に続く第二弾。ニューヨークの人々は、抱えきれない孤独を抱えながら個性的に生きている。（阿川佐和子）
お-41-2

# 文春文庫　女性エッセイ

（　）内は解説者。品切の節はご容赦下さい。

角田光代
## これからはあるくのだ
住んでいる町で道に迷い、路上で詐欺にひっかかるといった大ボケぶりのカクタさん。騙されても理不尽な目に遭っても自らの身に起こった事件を屈託なく綴るエッセイ集。（三浦しをん）
か-32-1

北原亞以子
## 銀座の職人さん
銀座は旧い日本の伝統が、最先端の文化とともに強く息づいている街。江戸、明治以来の銀座の老舗でしか手に入らない高級品を創る職人さんを、著者が訪ねてその技能と人柄を描き出す。

き-16-3

岸本葉子
## 30前後、やや美人
若さあふれる二十代とはちがうけど、今の自分も嫌いじゃない。「マンションを買う」「コインロッカーおばさん」「自分の声は好きですか？」など共感エッセイ八十五篇。（平野恵理子）
き-18-2

岸本葉子
## 家にいるのが何より好き
究極のババシャツ、人間ドック初体験、友人の出産話に興味津々、簞笥の虫と対決、交通事故に遭ってしまった！……三十代シングルの気になる日常を綴ったエッセイ集。（さらだたまこ）
き-18-3

岸本葉子
## マンション買って部屋づくり
ちょっとデパートへ、のつもりが、はずみでマンションを購入し、リフォーム、インテリア、ガーデニングへと挑戦。三十代ひとり暮らしのドタバタあたふた軽快エッセイ。（柿沼瑛子）
き-18-4

岸本葉子
## やっと居場所がみつかった
二十代、三十代は「どこか」「誰か」願望で悶々としていたけれど最近肩の力が抜けてきた。自然食、おしゃれ、旅行、結婚、仕事……。四十歳目前の今、何を大切にしてきたかを振り返る。

き-18-5

岸本葉子
## 40前後、まだ美人？
若くなくても、いいじゃない

毒毛虫との壮絶バトル、暗黒街でのランチ……一人暮らしの日常は思いもよらないハプニングの連続だけど、40オンナは余裕を持って切り抜ける。絶好調ポジティブエッセイ。（阿川佐和子）
き-18-6

（　）内は解説者。品切の節はご容赦下さい。

佐藤愛子・江原啓之
## あの世の話
「死後の世界はどうなっているのか」「霊とのつき合い方」「霊が教えてくれること」……。自ら体験した超常現象により死後の世界を信じるようになった作家が、霊能者に聞く心霊問答集。

さ-18-5

上坂冬子・佐藤愛子
## 冬子の兵法　愛子の忍法
〝秋晴や古稀とはいえど稀でなし〟愛子会心の一句を、〝この土手にのぼるべからず警視庁〟なみと評す冬子。そこまで書くの？喜怒哀楽ところかまわずコンビの往復書簡エッセイ集。

さ-18-7

佐藤愛子
## 冥途のお客
岐阜の幽霊住宅で江原啓之氏が見たもの、狐霊憑依事件、金縛り体験記、霊能者の優劣……。「この世よりもあの世の友が多くなってしまった」著者の、怖くて切ない霊との交遊録、第二弾。

さ-18-13

佐藤愛子
## 佐藤家の人びと
――「血脈」と私
小説家・佐藤紅緑を父に、詩人サトウハチローを兄にもち、その家族の波瀾の日々を描いた小説『血脈』。一族の情熱と葛藤を、執筆当時を振り返りつつ、資料や写真と共にたどる一冊。
さ-18-14

柴門ふみ
## サイモン印《じるし》
セックスについての仮説、小和田雅子さんはヒラリーか？　男は中学生の頃が美しい、貴・りえ勝負のわかれ目、オーストラリア失踪妻のエロス等、ミーハー満足度100％のエッセイ集。

さ-25-1

柴門ふみ
## ぶつぞう入門
ハンサムな仏像、可愛らしい仏像、ちょっとへんな仏像に会いたくて、京都・奈良・鎌倉・東北をウロウロした悦楽放浪記。瀬戸内寂聴さんとの対談も掲載、ガイド情報も満載の愛蔵版！

さ-25-2

酒井順子
## たのしい・わるくち
悪口って何でこんなに楽しいの？　自慢しい・カマトト・慇懃無礼……あなたの周りの女性たちの化けの皮を剝ぐ、人気コラムニストのイジワルな視線と超一級の悪口の数々。　（長嶋一茂）
さ-29-1

（　）内は解説者。品切の節はご容赦下さい。

酒井順子
**先達の御意見**
『負け犬の遠吠え』の著者の他流試合十番勝負。阿川佐和子、内田春菊、小倉千加子、鹿島茂、上坂冬子、瀬戸内寂聴、田辺聖子、林真理子、坂東眞砂子、香山リカの叱責・提案・激励。
さ-29-2

斎藤美奈子
**モダンガール論**
職業的な達成と家庭的な幸福の間で揺れ動いた、明治・大正・昭和の「モダンガール」たちの生き方を欲望史観で読み解き、二十一世紀にむけた女の子の生き方を探る。（浅井良夫）
さ-36-2

斎藤美奈子
**あほらし屋の鐘が鳴る**
失楽園、もののけ姫、バイアグラ、ゴーマニズム宣言など、平成のおやじたちの〝勘違い〟を、「なにをゴチャゴチャゆうとんねん」と一刀両断。「女性誌探検隊」も収録。（アライユキコ）
さ-36-3

塩野七生
**男たちへ**
フツウの男をフツウでない男にするための54章
インテリ男はなぜセクシーでないか？　嘘の効用、男の色気と涙について――優雅なアイロニーをこめて塩野七生が男たちに贈る毒と笑いの五十四のアフォリズム。
し-24-2

塩野七生
**再び男たちへ**
フツウであることに満足できなくなった男のための63章
容貌、愛人、政治改革、開国と鎖国、女の反乱、国際化――日常の問題から日本及び世界の現状までを縦横に批評する幅の広さ、豊かな歴史知識に基づく鋭い批評精神と力強い文章が魅力。
し-24-3

須賀敦子
**コルシア書店の仲間たち**
かつてミラノに、懐かしくも奇妙な一軒の本屋があった。そこに出入りするのもまた、懐かしくも奇妙な人びとだった。女流文学賞受賞の著者が流麗に描くイタリアの人と町。（松山　巖）
す-8-1

須賀敦子
**ヴェネツィアの宿**
父や母、人生の途上に現れては消えた人々が織りなす様々なドラマ。「ヴェネツィアの宿」「夏のおわり」「寄宿学校」「カティアが歩いた道」等、美しい文章で綴られた十二篇。（関川夏央）
す-8-2

（　）内は解説者。品切の節はご容赦下さい。

石原慎太郎・瀬戸内寂聴
**人生への恋文**
往復随筆
永年の文学の友であり、仏門と政治という別々の道を歩んだ二人が、人生への想いを託して交わす往復随筆。涙について、運命、老いについて。これは、二人の「永い友情の記念碑」である。
せ-1-19

関　容子
**役者は勘九郎**
「連獅子」の稽古、勘三郎はうまく踊れぬ十三歳の勘九郎に何度もやり直しを命じる。父から子、子から孫へと引きつがれる芸の厳しさを、弟子達のエピソードを交えて描く。（中野　翠）
せ-2-2

関　容子
**芸づくし忠臣蔵**
名作歌舞伎「仮名手本忠臣蔵」の大序から十一段目までを各章にふり、古今の名優が芸の秘密、抱腹のエピソードを明かす。芸術選奨文部大臣賞、読売文学賞ダブル受賞。（丸谷才一）
せ-2-3

関　容子
**海老蔵そして團十郎**
中村屋三代
華やかな舞台の陰には血の滲む思いがあった。花の海老さま、当代團十郎、そして二十一世紀の海老蔵。歌舞伎界を担ってきた親子三代の軌跡を詳細な取材で綴る感動の記録。（池内　紀）
せ-2-4

曽野綾子
**神さま、それをお望みですか**
或る民間援助組織の二十五年間
六人の女性と男性一人でスタートした「海外邦人宣教者活動援助後援会」の四半世紀にわたる活動の歩みを、会の運営維持管理の奮闘ぶりや海外における現場報告の二方面から詳細に綴る。
そ-1-23

高野悦子
**母**
老いに負けなかった人生
介護の方法を変えたら、九十歳になる母が痴呆症から回復した。岩波ホールの総支配人が綴る、十一年間にわたる介護の記録。そして、明治生まれの母の毅然とした生涯を描く。（秋山ちえ子）
た-20-2

高村　薫
**半眼訥訥《とつとつ》**
第二の敗戦と評される現在、我々は何をなすべきなのか。国というもの、労働、家族、都市と風土、住まい……。この国を取り巻くさまざまな問題を透徹した視線ですくい上げる雑文集。
た-39-2

（　）内は解説者。品切の節はご容赦下さい。

竹内久美子
**遺伝子が解く！ 愛と性の「なぜ」**
ベッカム人気の理由、ブロンド女性がモテるわけ、ペ○スの位置の秘密……。あらゆる生き物の謎を動物行動学が一刀両断！ ユーモラスでエキサイティングな科学エッセイ。（山田玲司）
た-33-10

竹内久美子
**遺伝子が解く！ アタマはスローな方がいい!?**
「どうして女の人は群れたがる？」「おじさんの加齢臭の原因は？」……誰もが不思議に思う、生きものについての様々な疑問。動物行動学を駆使して、あらゆる質問に挑む。（植島啓司）
た-33-11

高峰秀子
**私の梅原龍三郎**
大芸術家にして大きな赤ん坊。四十年近くも親しく付き合った洋画の巨匠梅原龍三郎の思い出をエピソード豊かに綴ったエッセイ集。梅原描く高峰像等カラー図版・写真多数。（川本三郎）
た-37-1

高峰秀子
**わたしの渡世日記**（上下）
複雑な家庭環境、義母との確執、映画デビュー、青年・黒澤明との初恋など、波瀾の半生を常に明るく前向きに生きた著者が、ユーモアあふれる筆で綴った傑作自叙エッセイ。（沢木耕太郎）
た-37-2

高峰秀子
**台所のオーケストラ**
和食48、中華24、洋風34、その他23……計１２９の素材を持ち味に合わせて料理する。お鍋は楽器、タクトを揮るのはあなた。読んで楽しく作って嬉しい、挿画も美しい高峰さんのレシピ集。
た-37-5

高峰秀子
**にんげんのおへそ**
風のように爽やかな幸田文、ぼけた妻に悩まされる谷川徹三、超変人の木下恵介、黒澤明、そして無名の素晴らしい人たち。柔らかなユーモアと愛情でいきいきと綴る、心温まる交友録。
た-37-6

高峰秀子
**コットンが好き**
飾り棚、手燭、真珠、浴衣、はんこ、腕時計、ダイヤモンド……。これまで共に生きてきた、かけ替えのない道具や小物たちとの思い出を、愛情たっぷりに綴った名エッセイ。待望の復刻版。
た-37-7

（　）内は解説者。品切の節はご容赦下さい。

高峰秀子
**人情話　松太郎**
「鶴八鶴次郎」などで庶民の心をつかんだ江戸っ子作家・川口松太郎を名エッセイスト・高峰秀子がインタビューした傑作を再刊。人情味豊かな昔話でふたりの「人生の達人」が響き合う。
た-37-8

高峰秀子
**おいしい人間**
内田百閒からの一通の手紙、イヴ・モンタンとの再会、藤田嗣治のアパルトマンでの日本食作り、司馬遼太郎との食膳に有吉佐和子との長電話など、素晴らしき人々との情味豊かな思い出。
た-37-9

高峰秀子
**にんげん住所録**
小津先生と一緒に行った「お茶の水」、クロサワが手の甲に置いた「蚊」、美智子妃から届けられた思いがけぬ一筆など、極上の思い出を端正で歯切れのよい語り口で綴ったエッセイ集。
た-37-10

高尾慶子
**イギリス人はおかしい**
日本人ハウスキーパーが見た階級社会の素顔
京都祇園の元ホステスが英国ロンドンでリドリー・スコット監督の大豪邸のハウスキーパーとして働き始めて十三年、猛烈オバさんが見聞した「英国式生活」の赤裸々な素顔。（伊藤三男）
た-49-1

高尾慶子
**イギリス人はかなしい**
女ひとりワーキングクラスとして英国で暮らす
「イギリス人はおかしい」第二弾。失業にも悪徳不動産屋にもめげぬ元気印のニッポン女性がズバリ書く英国論。新聞記者も大学教授も書けなかった「イギリスの素顔」。（杉恵惇宏）
た-49-2

高尾慶子
**イギリス人はしたたか**
シリーズ第三弾。動物愛護、電話や水道をめぐるドタバタなど、ロンドンの下町に暮らしてこそわかるイギリスの「ちょっとヘンな話」満載。R・スコット監督の母堂も再登場。（木下　卓）
た-49-3

高尾慶子
**わたしのイギリス　あなたのニッポン**
大評判「イギリス人はおかしい」第四弾！　日本国民の大半はイギリス国民より優れているのに、政府、政治家は赤ん坊と大人ほどの違いだ——。英国在住の毒舌女史の冴えわたる辛評。
た-49-4

（　）内は解説者。品切の節はご容赦下さい。

高尾慶子
**イギリス・ニッポン 言わせてもらいまっせ**
イギリスの雑誌の悪意に満ちた日本紹介記事に厳重抗議し、弱腰の日本大使館の態度にも異議申し立て——。三十年余の英国生活を背景に辛辣な日英両国批判を展開する痛快エッセイ。
た-49-5

高尾慶子
**ロンドンの負けない日々**
入れ歯づくりをめぐる大騒ぎや、最愛のヒルダおばさんの死など、英国生活を痛快に語ったエッセイ集。訪欧した天皇に抗議した元英国軍兵士が日本軍元通訳と再会する感動物語も収録。
た-49-6

高尾慶子
**イギリス ウフフの年金生活**
英国政府から年金をもらい、贅沢は出来ないが普通の生活をする著者。郊外の新築の家賃も八割補助、医療費も交通費も無料。日本を捨ててよかった、ロンドンでの快適年金暮らしのすべて。
た-49-7

高尾慶子
**ぼやきつぶやき イギリス・ニッポン**
歯に衣きせぬイギリス評を書き続けてきた著者が、本書では祖国ニッポンにも苦言を呈す。この国は「品格のある美しい国」なのか？　イギリス国籍取得に心乱れる著者渾身の書き下ろし。
た-49-8

田丸公美子
**パーネ・アモーレ**
イタリア語通訳奮闘記
TV局から依頼された法王のメッセージの通訳。放送開始まで二十分……手に汗握る聖夜の出来事を始め、日本最強のイタリア語同時通訳が明かす楽しいエピソードが満載！　（米原万里）
た-56-1

田丸公美子
**シモネッタのデカメロン**
イタリア的恋愛のススメ
女とみれば口説くイタリア人の中で、通訳歴三十余年、鍛錬を積んだ著者が見聞した爆笑エピソードの数々。人生を楽しむヒントに満ちた大人のエッセイ集。故米原万里さんとの対談も収録。
た-56-2

中村紘子
**ピアニストという蛮族がいる**
西欧ピアニズム輸入に苦闘した幸田延、久野久ら先人たちや、欧米のピアノ界を彩った巨匠たちの全てが極端でどこかおかしい。個性溢れる姿を大宅賞受賞ピアニストが描く。　（向井　敏）
な-30-1

（　）内は解説者。品切の節はご容赦下さい。

米原万里
**ガセネッタ&シモネッタ**
名訳と迷訳は紙一重。ロシア語同時通訳の第一人者が綴る、大マジメな国際会議の実に喜劇的な舞台裏を描いたエッセイ集。ガセネタも下ネタも、ついでにウラネッタも満載!!　（後藤栖子）
よ-21-1

米原万里
**旅行者の朝食**
ロシアのヘンテコな缶詰から幻のトルコ蜜飴まで、古今東西の美味珍味について薀蓄を傾ける、著者初めてのグルメ・エッセイ集。人は「食べるためにこそ生きる」べし！　（東海林さだお）
よ-21-2

米原万里
**ヒトのオスは飼わないの？**
ヒトのオスにはチトきびしいが、動物には惜しみなく愛をふりそそいでしまう。イヌ二匹、ネコ四匹、ヒト二人の波乱万丈な米原家の日常を綴った傑作ペット・エッセイ集。　（田丸公美子）
よ-21-3

光浦靖子
**ミツウラの鳴らない電話**
笑い顔を無愛想と誤解され、鏡で笑顔の練習をし、胸がときめく合コンで、イイ男には物言えず、モテない淋しい女道まっしぐら。「でもね！」。人気お笑い芸人の切ない爆笑エッセイ。
P50-19

辛酸なめ子
**ほとばしる副作用**
精神世界修行のアブナイ現場取材から、MEGUMI、小池栄子らアイドルへの辛口分析まで。セレブとビッチの両面を描き出す新感覚エッセイストによる超絶品コラム集。　（神林広恵）
P50-20

辛酸なめ子
**自立日記**
実家からの独立、マンション購入、増え続ける一方の仕事との格闘……。一九九九年から二〇〇一年まで、辛酸なめ子二十五歳から二十七歳までの「孤独」を綴った日記。　（光浦靖子）
P50-23

辛酸なめ子
**ヨコモレ通信**
世間をシニカルに斬る独特の文体が大人気の著者による、六本木ヒルズ、セレブヨガなど、おしゃれなスポットへのカラダを張った大闖入レポート！　（フェルディナント・ヤマグチ）
P50-25